지은이 곽지운

2021년까지 홈케어 청소기 판매 대리점을 운영했습니다. 코로나19 팬데믹이 터지기 전까지 광고를 단 한 번도 해본 적 없던 SNS 왕초보 사장이었습니다. 하지만 팬데믹이 닥친 후 위기를 벗어나고자 당근비즈니스를 시작했으며, 이를 활용하여 당근으로만 700건 이상의 문의를 받을 수 있었습니다. 해당 노하우를 바탕으로 국내 최초 당근비즈니스 전자책 《당근마켓으로 월 매출 3배 올린 비법서》를 출간했습니다. 현재는 당근코치로 활동하며 당근비즈니스 강의 및 광고대행을 하고 있습니다.

사업의 성패는 모객 능력의 유무에 달려 있습니다. 시장 상황이 안 좋고 눈에 띄지 않는 상권에 위치해 있다 하더라도 모객만 잘하면 매출은 따라옵니다. SNS 왕초보도 쉽게 할 수 있는 당근비즈니스를 활용하여 고객이 스스로 찾아올 수밖에 없는 마케팅을 실현해보시기 바랍니다.

이메일 dokc1109@naver.com
블로그 blog.naver.com/dokc1109
유튜브 youtube.com/@carrotcoach1109

작은 가게를 살리는 실전 비즈니스 **당근 마케팅**

초판 1쇄 발행 2024년 7월 5일

지은이 곽지운 / **펴낸이** 전태호
펴낸곳 한빛미디어(주) / **주소** 서울특별시 서대문구 연희로2길 62 한빛미디어(주) IT출판1부
전화 02-325-5544 / **팩스** 02-336-7124
등록 1999년 6월 24일 제25100-2017-000058호 / **ISBN** 979-11-6921-256-4 13000

총괄 배윤미 / **책임편집** 장용희 / **기획 · 편집** 오희라
디자인 표지 이선영 내지 정선민 / **전산편집** 허영화
영업 김형진, 장경환, 조유미 / **마케팅** 박상용, 한종진, 이행은, 김선아, 고광일, 성화정, 김한솔 / **제작** 박성우, 김정우

이 책에 대한 의견이나 오탈자 및 잘못된 내용은 출판사 홈페이지나 아래 이메일로 알려주십시오.
파본은 구매처에서 교환하실 수 있습니다. 책값은 뒤표지에 표시되어 있습니다.

한빛미디어 홈페이지 www.hanbit.co.kr / 이메일 ask@hanbit.co.kr

Published by HANBIT Media, Inc. Printed in Korea
Copyright © 2024 곽지운 & HANBIT Media, Inc.
이 책의 저작권은 곽지운과 한빛미디어(주)에 있습니다.
저작권법에 의해 보호를 받는 저작물이므로 무단 복제 및 무단 전재를 금합니다.

지금 하지 않으면 할 수 없는 일이 있습니다.
책으로 펴내고 싶은 아이디어나 원고를 이메일(writer@hanbit.co.kr)로 보내주세요.
한빛미디어(주)는 여러분의 소중한 경험과 지식을 기다리고 있습니다.

작은 가게를 살리는 실전 비즈니스

당근 마케팅

곽지운 지음

한빛미디어
Hanbit Media, Inc.

PROLOGUE

지금 당장 우리 가게에 고객이 찾아오도록 만드는 나만의 전략이 있나요?

망하는 건 결코 경기 탓이 아닙니다

'어떻게 하면 더 많이 팔 수 있을까?'
'나가는 돈은 많고, 들어오는 돈은 없고… 이대로 가다가는 끝인데 어떻게 해야 하지?'

2020년, 코로나19 팬데믹이 터지고 필자가 했던 고민이었습니다. 당장 누구라도 만나야 판매를 하는데, 아무나 쉽게 만날 수 있는 상황이 아니었습니다. 그저 열심히만 하면 매출은 절로 따라올 줄 알았지만, 팬데믹은 열심히만 해서는 안 된다는 걸 알려주었습니다.

지금도 많은 사람들이 창업에 도전하고 자신만의 사업을 시작합니다. 하지만 통계청 조사에 따르면 자영업자로 일하다 그만둔 사람이 2022년 한 해에만 34만 명이

나 된다고 합니다. 5년 안에 10곳 중 여덟 개의 가게가 문을 닫습니다. 가게가 망하는 건 경기가 어렵기 때문만은 아닙니다. 경쟁이 치열하고 상황이 좋지 않아도 잘 되는 가게들이 있습니다. 어렵다는 말이 무색할 정도로 고객의 발걸음이 끊이질 않습니다.

이처럼 잘되는 곳이 존재하는 이유는 경쟁이 없는 업종을 선택한 것도, 단지 운이 좋아서 그런 것도 아닙니다. 확실한 마케팅 전략을 통해 고객이 스스로 찾아올 수밖에 없도록 만들었기 때문입니다.

고객은 아무런 이유 없이 움직이지 않습니다

매출이 떨어지면 가장 먼저 '홍보'에 관해 고민하게 됩니다. 전단지 홍보부터 온라인 광고까지 적지 않은 비용을 들여 진행합니다. 그러나 아쉽게도 기대만큼 큰 반응은 없습니다. 시간이 지날 수록 매출은 하락세를 보이고 초조한 마음은 점점 커져만 갑니다.

많은 사장님들이 직접 광고를 시도하거나 광고 대행 업체에 맡기곤 하지만 성과를 보는 사례는 극히 드뭅니다. 돈을 써서 광고를 돌린다고 해서 무조건 고객이 찾아오는 것은 아니기 때문입니다. 고객은 아무런 이유 없이 움직이지 않습니다. 아무리 좋은 상품이고 서비스라 하더라도 고객에게는 하나의 광고물에 불과할 뿐입니다.

PROLOGUE

고객의 마음을 움직이기 위해서는 그들의 상상을 자극해야만 합니다. 당신의 광고를 보고 '이건 놓치면 안 되겠다!'라는 생각을 할 수 있도록 만들어야 합니다. 고객이 스스로 움직여야만 하는 이유를 만들어낸다면 결과는 분명 따라올 것입니다. 필자는 코로나19 팬데믹으로 경기가 침체된 가운데, 당근 플랫폼에서 고객의 마음을 움직이는 방법을 통해 상황을 반전시켰습니다. 약 1년 동안 당근으로만 700건 이상의 문의를 받으며 팬데믹 이전보다 매출이 오를 뿐만 아니라 모객 걱정 없이 일할 수 있었습니다.

마케팅 원리를 알아야 바꿀 수 있습니다

지금까지 다양한 마케팅 방법을 배워도 왜 결과가 따라와주지 않았을까요? 플랫폼이 우리 사업과는 맞지 않아서일까요? 여러 방법을 시도해봤음에도 결과가 나지 않았다면 마케팅 원리를 몰랐기 때문일 것입니다.

고객이 당근에서 우리 가게의 소식을 보고 찾아오기까지는 다섯 개의 단계가 존재합니다. 이를 책에서는 '당근 타기팅 프로세스'라 정리했습니다. 당근 타기팅 프로세스는 필자를 포함한 다양한 업종의 사장님들에게 유의미한 성과를 가져다준 프로세스입니다. 마케팅을 이제 막 시작한 독자라면 이 책을 통해 모객의 본질이 무엇인지 알게 될 것입니다. 우리 가게가 잘될 수 있는 당근 마케팅 방법을 터득할 수 있을 뿐만 아니라 잘 안됐던 이유에 대해서도 스스로 피드백해볼 수 있을 것입니다.

고객의 경계심은 한 번에 무너지지 않습니다. 다섯 개의 단계를 거쳐 의심이 신뢰로 바뀔 때, 비로소 마음을 열고 우리 가게를 선택하게 됩니다. 이 책을 통해 배운 것을 당근비즈니스에서 바로 적용해보고 여러분의 사업이 더욱 번창하기를 응원합니다.

— 2024년 7월
곽지운

이 책의 구성

실제 사례와 함께 보는
당근비즈니스 마케팅

고객이 찾아올 수밖에 없는 당근비즈니스 마케팅 방법을 모객에 성공한 실제 사례와 함께 소개합니다. 생생한 이야기를 통해 우리 가게의 업종에는 어떻게 적용해야 할지 그려 볼 수 있습니다.

마케팅이 쉬워지는
당근 꿀팁!

마케팅 초보자도 당근비즈니스 마케팅 방법을 쉽게 이해할 수 있도록 중요한 내용을 팁 박스에 담았습니다. 유용한 팁을 통해 막힘 없이 술술 읽고 정리할 수 있습니다.

읽으면서 직접 따라 하는 실습 파트

책을 읽고 이해하는 데만 그치지 않고 곧바로 따라 할 수 있도록 실습 파트를 구성했습니다. 당근비즈니스 세팅과 마케팅 과정을 하나하나 익히다 보면 빠르게 익숙해질 수 있습니다.

당근코치의 찐 노하우!

따라 하기 실습 과정 중 초보자에게 어렵거나 고민될 만한 부분을 상세하게 풀어서 소개합니다. 친절한 설명으로 누구나 쉽게 따라 할 수 있습니다.

목차

PROLOGUE   004
이 책의 구성   008

📍 PART 1   작은 가게를 살리는 동네 마케팅

CHAPTER 1   당근비즈니스를 시작해야 하는 이유   018
   동네 마케팅 당근비즈니스   019
   하나의 게시글만으로 모객 가능   021
   단골고객 유입을 통한 재구매율 증진   022

CHAPTER 2   SNS 왕초보도 할 수 있는 당근 마케팅   025
   쉽고 간단한 타깃 세팅 방법   026
   SNS 초보자에게도 쉬운 관리법   027

CHAPTER 3   우리 가게도 당근 괜찮을까요?   030
   [내 근처] 탭을 통해 업체 확인하기   031
   고가의 상품이라도 수요만 있다면 OK   033

CHAPTER 4   당근 광고 어디에 노출되나요?   035
   당근 광고의 세 가지 종류   035

| CHAPTER 5 | 당근비즈니스 광고 효과 사례 | 040 |

홈케어 서비스 : 하루 0건이던 문의가 연간 700건이 되다! 040
재활 필라테스 센터 : 단돈 5천 원으로 하루 세 건씩 문의가 오다! 042
분명한 성과를 위한 모객 원리의 중요성 043

PART 2 '이것' 없이 광고하지 마세요

| CHAPTER 1 | 장사가 안될 때 하는 실수 | 046 |

신뢰할 수 없는 고가의 마케팅 비용 지불 047
빠른 성과를 위한 허위&과장 광고 048
가장 빠른 방법은 점진적으로 꾸준하게 가는 것 049

| CHAPTER 2 | 성과가 나지 않는 이유 | 050 |

당신의 광고를 쳐다보지도 않고 지나치는 이유 051
고객의 마음을 움직여야 한다 052

| CHAPTER 3 | '진짜' 단골을 만들어야 하는 이유 | 054 |

일회성 마케팅은 단골을 만들 수 없다 055
단골과 후기를 구매하면 '진짜' 단골을 놓친다 055

목차

CHAPTER 4 매출이 떨어지는 업체가 무조건 바꿔야 할 한 가지 　058
　'을'이 되는 순간 경쟁에서 멀어진다 　058
　받은 만큼 돌려주는 업체가 되어야 한다 　059
　제대로 된 서비스를 제공하면 고객의 발걸음이 끊이지 않는다 　060

CHAPTER 5 잘되는 가게에만 있는 '이것' 　062
　진정성이 있으면 잘될 수밖에 없다 　063
　계속해서 실패한다면 점검해야 할 두 가지 　064

● PART 3 성과가 따라오는 실전 당근비즈니스

CHAPTER 1 당근 비즈프로필 세팅하기 　068
　비즈프로필 화면 구성 알아보기 　069
　（실습） 당근 비즈프로필 세팅하기 　073
　비즈프로필 사진의 좋은 예 VS 나쁜 예 　081
　（실습） 10초면 끝! 광고계정 만들기 　083

CHAPTER 2 소식지를 작성하는 네 가지 꿀팁 　087
　이벤트는 어떻게 진행해야 할까? 　088
　혜택을 제공하는 방법 　090

	고객의 고민을 담아라	091
	해결을 위해 노력하는 과정 보여주기	092
	실습 사진과 글을 혼합하여 소식지 작성하기	093
CHAPTER 3	잘나가는 가게의 단골 쿠폰 발급 노하우	095
	실습 당장 가게로 불러들이는 쿠폰 발행 비법	097
	2주 만에 단골 2천 명 모은 쿠폰 노하우	100
CHAPTER 4	초간단 당근비즈니스 광고 만들기	102
	실습 1분 만에 세팅하는 피드 광고 만들기	103
	실습 1분 만에 세팅하는 검색 광고 만들기	110
CHAPTER 5	승인 거절된 광고, 한 번에 해결하기	116
	승인 거절 사유 확인하기	117
	실습 승인 거절 해결하기	119

◉ PART 4 고객의 마음을 사로잡는 실전 노하우

CHAPTER 1	카피 하나로 광고비를 두 배 이상 아낀다	124
	광고비가 많이 나오는 이유	125
	광고비 지출 두 배 이상 아끼는 방법	127

목차

	예산을 3분의 1로 줄이는 시간대 전략	129
	🌱 광고 상세 일정 설정하기	131
CHAPTER 2	**클릭할 수밖에 없는 광고 만들기**	**133**
	고객이 우리의 광고를 보지 않는 이유	133
	고객의 눈길을 사로잡는 두 가지 제목 유형	135
CHAPTER 3	**매력적인 소식지의 차별화 포인트**	**139**
	매력적인 소식지를 만들기 위한 세 가지 포인트	139
CHAPTER 4	**광고 몰입도 두 배 높이는 방법**	**145**
	긴 소식지도 끝까지 읽게 만드는 두 줄 공백	145
	장문의 후기를 빛나게 하는 네모 상자	147
	🌱 후기에 네모 상자 표시하기	149
CHAPTER 5	**줄 서는 가게의 비밀**	**154**
	맛집 앞에서 장시간 줄을 서서 먹는 이유	154
	지속적인 후기를 확보하는 비결	155
CHAPTER 6	**고객의 마음을 움직이는 당근 타기팅 프로세스**	**158**
	타기팅을 구체화하여 설정하기	159
	당근 타기팅 프로세스 5단계	160
CHAPTER 7	**대행사가 이용하는 전문가 모드 활용하기**	**169**
	전문가 모드란 무엇인가요?	169
	전문가 모드 기능 살펴보기	170

	캠페인, 광고그룹, 소재 이해하기	172
	상세 타기팅을 설정해 광고 효율 높이기	174
	실습 전문가 모드 활용하기	177
CHAPTER 8	**잠재고객을 확보하는 설문지 활용법**	**180**
	고객DB를 확보하는 이유	180
	실습 고객DB 확보를 위한 설문지 만들기	182
	고객 문의를 통해 설문지 작성 유도하기	189
	고객에게 받은 설문지 한눈에 확인하기	190
CHAPTER 9	**마케팅 초보자를 위한 챗GPT 활용법**	**192**
	챗GPT란 무엇인가요?	192
	챗GPT로 고객의 고민 찾기	193
	챗GPT를 활용하여 광고 제목 만들기	195
	챗GPT에게 소식지 피드백 받기	197

EPILOGUE	**200**
찾아보기	204

PART 1.
작은 가게를 살리는 동네 마케팅

당근은 작은 가게들이 쉽고 빠르게 시도할 수 있는 가장 좋은 마케팅 플랫폼입니다. 당근비즈니스를 통해 여러분이 이루어야 할 목표가 있다면 바로 '매출 상승'입니다. 이번 파트에서는 당근의 특성과 함께 성과를 달성한 가게들의 다양한 사례를 살펴보며 우리 가게에는 어떻게 적용할 수 있을지 알아봅니다.

CHAPTER 1.
당근비즈니스를 시작해야 하는 이유

2023년 기준, 자영업자의 40%가 개업 후 3년 내에 폐업을 고려하고 있습니다. 이전 해보다 매출이 감소한 자영업자는 60% 이상에 달합니다.※ 오르는 물가와 인건비로 인해 어려움을 겪는 자영업자의 소식을 뉴스에서 심심치 않게 볼 수 있는 요즘입니다. 경기 전망은 갈수록 악화되는 반면, 경쟁은 치열해지는 것이 현실입니다. 자영업자들이 살아남는 것이 쉽지 않은 상황인 것은 분명합니다. 이런 열악한 환경을 바꾸기 위해서는 자영업자들이 겪는 어려움을 먼저 정의할 필요가 있습니다. 지속적으로 매출이 떨어지다 보면 결국에는 자연스럽게 폐업 절차를 밟게 됩니다. '매출 감소'는 고객의 발걸음이 끊긴 것으로도 이해할 수 있습니다.

그러나 우리는 고객의 발걸음이 끊겼다는 데서 희망을 찾을 수 있습니다. 어려운 환경이지만 고객이 다시 찾아오도록 만드는 방법이 존재하기 때문입니다.

마케팅의 핵심은 고객이 우리 가게를 보고 스스로 찾아오도록 만드는 것입니다. 동네에서 잘 보이지 않는 상권에 있어서 홍보하기가 어려워도 유동인구가 많은 곳에 우리 가게 소식을 노출하여 손쉽게 가게를 알릴 수 있는 길이 열렸습니다. 그것이 바로 '당근비즈니스'입니다.

동네 마케팅 당근비즈니스

▲ 출처 : 당근비즈니스

당근비즈니스를 시작하기에 앞서, 우리 가게가 원하는 잠재고객들이 당근 플랫폼에서 얼마나 활동하는지 알아야 합니다. 당근의 가입자 수는 3,600만 명을 돌파했으며, 월간 이용자 수는 1,900만 명이 넘습니다. 2023년 10월 기준, 한국인이 즐겨 이용하는 모바일 앱 중 당근은 전체 5위이며 쇼핑 부문에서는 쿠팡에 이어 2위를 차지했습니다.** 해마다 중고거래 시장의 규모가 커지고 있는 가운데, 당근은 이용자 수가 폭발적으로 증가하며 빠르게 성장세를 보이고 있습니다.

많은 사람들이 당근을 이용하는 이유는 당근이 신뢰를 기반으로 한 플랫폼이기 때문입니다. 당근의 모든 이용자는 자신의 동네가 인증되어 있으며 사람마다 모두 '매너온도'가 공개되어 있습니다. 매너온도란 지금까지 거래를 매너 있게 했는지 확인할 수 있는 척도라 볼 수 있습니다. 이러한 매너온도 수치는 거래 시의 사기 위험성을

• 출처 : 중앙일보(엔데믹에도 자영업자 한숨 계속…40%는 "3년 내 폐업 고려"),
https://www.joongang.co.kr/article/25174162
•• 출처 : 포브스 코리아(구글 플레이스토어/애플앱스토어, 모바일인덱스 분석대상기간 2023년 1~10월),
https://jmagazine.joins.com/forbes/view/338788

낮추고 올바른 거래를 할 수 있게 도와줍니다. 동네 인증과 매너온도 덕분에 당근을 통한 거래는 날이 갈수록 늘어나고 있습니다.

또한 당근의 유저들이 중고거래만을 하는 것은 아닙니다. 당근 유저들의 평균 체류 시간은 20분 이상입니다. 거래를 하지 않을 때에도 어떤 상품이 올라왔는지 수시로 관심을 가지고 확인합니다. 즉, 누구든 새로운 상품 또는 서비스의 잠재고객이 될 수 있다는 의미입니다.

이처럼 활발한 활동이 이루어지는 당근을 통해 본격적으로 마케팅을 할 수 있습니다. 별다른 도구나 막대한 비용 없이 스마트폰 하나만 가지고도 당근 유저들에게 우리 가게를 홍보할 수 있습니다. 만약 우리 가게가 강남구 역삼동에 위치했다고 가정했을 때, 다음과 같이 간단하게 지역만 선택하면 됩니다.

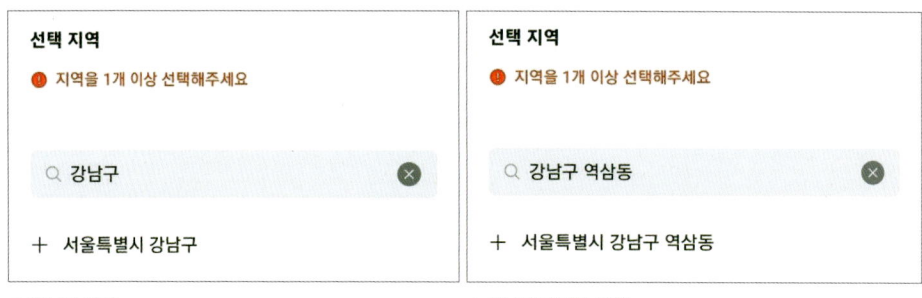

▲ 강남구 타깃   ▲ 강남구 역삼동 타깃

지역 범위를 넓혀 강남구 전체의 유저를 타깃으로 잡을 수도 있습니다. 만약 지역에 상관없이 상품이나 서비스를 노출하고 싶다면 각 지역을 모두 선택하여 전국 단위로 광고를 하면 됩니다. 당근은 우리 동네에서 가게를 홍보할 수 있을 뿐만 아니라 전국 단위의 광고를 통해 1천만 이상의 당근 유저에게 다가갈 수 있다는 이점이 있습니다. 다시 말해, 당근은 마케팅에 최적화된 플랫폼입니다.

• 출처 : 당근비즈니스, https://business.daangn.com

하나의 게시글만으로 모객 가능

당근 중고거래 게시판의 화면을 내리다 보면 다음과 같은 광고글이 뜹니다. 광고의 우측 하단을 보면 하나의 광고 게시글을 통해 얼마나 많은 반응이 일어났는지를 확인할 수 있습니다. 다음 이미지에 있는 정수기 광고의 경우, 하나의 광고 게시글을 통해서 399명의 유저가 문의한 것을 확인할 수 있습니다. 즉, 광고 게시글 한 개만 잘 작성해도 많은 고객들을 끌어모을 수 있습니다.

▲ 한 개의 광고글, 399개의 채팅 문의

당근 비즈프로필*을 만들면 우리 가게에서 홍보하고 싶은 소식을 작성할 수 있습니다. 필자는 한 개의 글만 작성했을 뿐인데 문의가 쇄도하는 기적을 경험했습니다. 채팅 문의를 통해 신청서 링크를 전달했고, 한 개의 글로 1년간 약 700건 이상의 홈

• 비즈프로필 : 비즈프로필은 우리 가게의 정보, 소식, 후기 등을 확인할 수 있는 공간으로 유저들에게 우리 가게를 상세하게 알려줄 수 있는 프로필입니다.

케어 신청을 받을 수 있었습니다. 마케팅을 시작하는 단계에서 한 개의 소식지*만 잘 작성해놓으면 지속적인 성과로 연결될 수 있음을 의미합니다.

▲ 필자가 구글 폼으로 받은 신청서

인스타그램과 달리 사진을 정성스레 찍을 필요도 없습니다. 블로그처럼 오랜 시간 동안 여러 개의 포스팅을 업로드하지 않아도 됩니다. 그저 단 하나의 소식지만 잘 세팅하면 충분히 성과로 이어질 수 있습니다.

단골고객 유입을 통한 재구매율 증진

당근에서는 비즈프로필을 통해 단골을 확보할 수 있습니다. 비즈프로필이란 유저의 개인프로필이 아닌 새롭게 생성할 수 있는 우리 가게의 프로필입니다. 비즈프로필 옆에는 단골 수가 표시됩니다. 단순히 우리 가게의 소식만 알리고 끝나는 것이 아니라 단골까지 모을 수 있기 때문에 추가적인 홍보의 기회를 얻는 셈입니다. 단골고객을 확보하게 되면 우리 가게만의 경쟁력을 키우는 데 큰 도움이 되며 재구매를 통한

• 소식지 : 비즈프로필 내에는 [소식] 탭이 있습니다. 소식지는 해당 탭에서 우리 가게의 다양한 정보를 업로드하여 당근의 유저에게 전할 수 있는 기능입니다.

추가 매출까지 달성할 수 있습니다. 어떤 물건이든 서비스든 일회성 판매가 많은 것보다 지속적으로 구매해주는 사람이 있어야 매출이 더욱 늘어납니다.

단골이 된다는 것은 지속적으로 우리 가게의 소식을 받아볼 수 있음을 의미합니다. 우리 가게를 알지 못하는 고객에게 가게를 노출하기 위해서는 필수적으로 광고를 해야 합니다. 하지만 단골 유저들에게는 광고를 하지 않고도 우리 가게의 소식을 알릴 수 있습니다. 새로운 소식지를 작성할 때마다 단골 유저들의 피드에 우리 가게 소식이 노출되기 때문입니다.

단골이 점점 늘어나 1천 명, 1만 명이 넘어간다면 효과는 기대 이상으로 커집니다.

만약 렌탈숍을 운영한다면 정수기, 커피머신, 안마의자 등 새로운 소식을 다양하게 올릴 수 있습니다. 이때, 이전에 정수기를 구매한 적 있는 고객이라면 새로운 소식을 통해 다른 상품에 대해 문의할 수 있고, 구매 가능성 역시 커집니다. 농수산물 판매를 하고 있다면 사과를 구매했을 때 만족했던 고객이 오렌지나 망고 판매 소식을 보고 재구매할 가능성이 큽니다. 이처럼 우리 가게를 신뢰하는 단골이 많아질수록 재구매율이 높아져 추가적인 매출도 증가합니다.

당근비즈니스는 동네를 넘어서 지역에 제한 없이 상품을 알릴 수 있다는 강력한 장점이 있습니다. 이 점을 활용하여 상품을 온라인으로 제공한다면 전국적인 광고를 통해 단골을 확보하고 매출을 올릴 수 있습니다.

마케팅이 쉬워지는 당근 꿀팁!

당근 비즈프로필이란 무엇인가요?

비즈프로필이란 우리 가게의 프로필을 의미합니다. 중고거래 시 로그인된 계정은 가게 계정이 아닌 개인 계정입니다. [나의 당근] - [비즈프로필 관리]에 들어가서 새로운 비즈프로필 계정을 생성해보세요. 간단한 정보를 입력하면 계정이 생성되고 비즈프로필을 통해 우리 가게의 다양한 정보와 새로운 소식을 전할 수 있습니다.

비즈프로필 '단골'이란?

우리 가게에서 새로운 소식지를 작성하면 광고 없이도 단골에게 해당 소식이 노출됩니다. 단골이 소식을 접하고 관심이 생기면 재방문 또는 재구매로 이어질 가능성이 높아집니다. 즉, 단골이 많을수록 광고비용 지출 없이도 유의미한 홍보 효과를 볼 수 있습니다.

CHAPTER 2.
SNS 왕초보도 할 수 있는 당근 마케팅

국내에는 네이버, 페이스북, 인스타그램, 유튜브 등 마케팅을 할 수 있는 다양한 플랫폼이 마련되어 있습니다. 그러나 필자는 당근으로 마케팅을 하기 이전에 한 번도 다른 플랫폼에서 광고를 해본 적이 없습니다. 그럼에도 처음 시도했던 당근 광고로 성과를 낼 수 있었던 이유는 당근이 다른 플랫폼에 비해 쉽게 접근할 수 있었기 때문입니다. 당근으로 성과를 낸 이후에는 당근 마케팅의 경험을 토대로 다른 플랫폼에서 광고하는 방법을 배웠습니다.

당근 마케팅의 가장 큰 장점은 많이 배우지 않고도 하루 만에 익혀서 바로 시작할 수 있을 만큼 너무나도 쉽다는 점입니다. 특히 다른 플랫폼과 차별화된 점이 있다면 초보자에게 어려운 용어가 없기 때문에 한 번에 이해가 가능하다는 것입니다. 광고 계정은 단 10초 만에 만들 수 있습니다. 광고 타깃을 세팅할 때에도 성별과 연령 정도만 설정해주면 끝납니다. 이를 설정하는 데는 1분도 채 걸리지 않기에 누구나 쉽게 따라 할 수 있습니다. 독자 여러분이 책을 읽고 바로 실행한다면 지금 당장 하나의 광고를 만들 수 있습니다.

쉽고 간단한 타깃 세팅 방법

앞서 간략히 설명했듯 타깃을 세팅할 때는 지역과 성별, 연령만 설정해주면 됩니다. 예를 들어, 경기도 화성시 영천동에서 30대 여성을 타깃으로 광고를 해보겠습니다. 다음과 같이 '화성시 영천동'을 지역으로 설정합니다. 그런 다음 성별은 '여성'을 선택하고 연령은 30대에 해당하는 부분인 '30~34', '35~39'를 선택합니다. 이렇게 하면 기본 타깃 설정이 끝납니다. 참 간단하죠? 여기서 추가적으로 설정할 것 없이 원하는 지역의 타깃 연령층 고객에게 광고를 돌릴 수 있습니다.

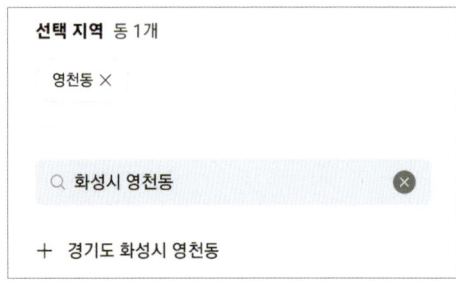

▲ 영천동

▲ 30대 여성

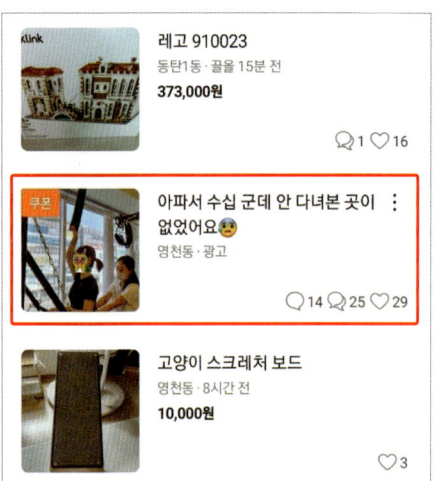

▲ 영천동 30대 여성 유저들에게 노출되는 광고

광고 세팅을 완료하면 영천동을 자신의 동네로 설정한 30대 여성에게 광고가 노출됩니다. 이처럼 당근에서는 간단한 세팅만으로도 광고가 가능하기에 누구든 짧은 시간 안에 배워서 바로 시작할 수 있습니다. 필자가 당근 마케팅 방법을 따로 배우지 않았음에도 혼자서 수월하게 진행할 수 있었던 건 직관적이면서도 간단한 세팅 방법 덕분이었습니다. 이것이 SNS와 마케팅 초보인 사장님들에게 당근 마케팅을 강력하게 추천하는 이유입니다.

SNS 초보자에게도 쉬운 관리법

SNS를 잘 다룰 줄 모르는 다이어트 숍을 운영 중인 50대 사장님이 있었습니다. 시간이 지날수록 가게에 방문하는 고객 수가 줄어들어 사장님은 직접 전단지를 돌리며 가게 홍보에 나섰습니다. 하지만 수천 장의 전단지를 돌려도 문의는 고작 한두 개밖에 오지 않았으며 그마저도 고객의 방문으로 이어지지는 않았습니다. 사장님은 가게를 알리기 위해 여러 가지 마케팅 방법을 시도했지만 쉽지 않았습니다.

그러던 중 당근비즈니스를 알게 된 사장님은 필자에게 당근 마케팅 방법을 문의했습니다. 당근비즈니스로 모객하는 방법을 배우고 실전에 적용한 결과, 지금은 매일 꾸준히 여러 건의 문의를 받고 있습니다. SNS를 잘 알지 못하고 광고 경험이 없다고 해도 전혀 겁먹을 필요가 없습니다.

젊은층이 주로 이용하는 인스타그램과 같은 플랫폼의 경우, 사진을 감각적으로 찍는 능력은 마케팅에서 무엇보다 중요한 요소로 작용합니다. 하지만 당근에서는 사진을 잘 찍을 필요가 없습니다. 당근 이용자들은 오히려 현실에 가깝게 나온 사진을 더 선호하는 경향이 있기 때문입니다. 실제로 다른 플랫폼 상세페이지에 사용하기 위해 돈을 지불하고 촬영한 고퀄리티 사진을 썼을 때는 아무런 성과도 얻지 못했던 반면,

▲ 다이어트 숍 사장님이 하루 동안 받은 문의

사장님이 직접 찍은 날것의 사진을 썼을 때 더 많은 반응이 일어났습니다. 지금까지 수백 개 업체의 광고를 진행했을 때도 꾸며진 사진보다 이질적이지 않고 자연스러운 사진을 썼을 때 성과가 더 잘 나왔습니다.

무엇보다 당근은 매일 새로운 콘텐츠를 업로드할 필요가 없습니다. 어떤 플랫폼이든 성공적인 마케팅을 위해서는 꾸준히 우리 가게와 관련된 홍보글을 업로드해야 합니다. 하지만 당근에서는 억지로 아이디어를 짜내서 매일매일 글을 쓰지 않아도 됩니다. 단 하나의 소식지라도 잘 만들기만 하면 그것으로 1년 내내 광고를 돌릴 수 있습니다.

이처럼 당근은 SNS 초보자가 크게 힘들이지 않고도 쉽게 운영하고 관리할 수 있는 플랫폼입니다. SNS를 제대로 해보지 않았거나 마케팅을 처음 접하는 사람이라도 괜찮습니다. 당근 마케팅은 단 하루 만에 배워서 바로 시작할 수 있을 정도로 쉽습니다. 방법을 배우는 데 오랜 시간이 소요되지도 않습니다. 이 책을 한 장씩 넘기며 쉽고 편리한 당근 마케팅 방법을 배워봅시다.

> **마케팅이 쉬워지는 당근 꿀팁!**
>
> **마케팅 용어를 잘 모르는데 괜찮을까요?**
> 당근비즈니스 광고를 세팅할 때 어려운 마케팅 용어는 없습니다. 타깃 지역과 연령, 성별, 예산 정도만 설정함으로써 간단히 광고를 세팅할 수 있습니다. 당근비즈니스를 제대로 하기 위해서는 새로운 마케팅 용어를 배우는 것보다 고객이 스스로 가게에 찾아오는 원리를 이해하는 것이 우선입니다. 이 책에서 앞으로 소개할 당근비즈니스 마케팅 노하우와 모객 원리를 배우고 적용해봅시다. 어려운 마케팅 용어가 없기 때문에 누구나 쉽게 이해하고 배울 수 있습니다.

CHAPTER 3.
우리 가게도 당근 괜찮을까요?

당근에서 광고를 해보지 않았다면 가장 먼저 이런 생각이 들 것입니다. '과연 우리 가게도 당근에서 광고하면 잘 될까?'

우선 당근에서 광고를 추천하는 업종들을 살펴보겠습니다. 피드 광고(중고거래 게시글에 노출되는 광고)의 경우에는 모든 업종을 추천하고 있습니다. 검색 광고(검색했을 때 노출되는 광고)는 휴대폰, 이사, 용달/수리, 가구/가전, 피트니스, 네일, 속눈

▲ 피드 광고 예시   ▲ 검색 광고 예시

썹 관리 등의 가게를 추천하고 있습니다.

피드 광고는 업종에 제한 없이 모두 추천하고 있지만 검색 광고는 일부 업종만 추천하고 있습니다. 그 이유는 당근 유저들이 검색 광고에서 업체와 관련된 키워드를 많이 검색하기 때문입니다. 예를 들어, '갤럭시'와 같이 제품이 분명한 키워드는 중고거래 시에 더 많이 검색됩니다. 그렇기에 휴대폰 업종은 검색 광고를 하기에 좋다고 볼 수 있습니다. 반면 중고거래에서 '맛집'처럼 광범위한 키워드를 검색하는 사람은 극히 드뭅니다. 따라서 검색이 많이 일어나지 않는 업종은 검색 광고가 아닌 피드 광고를 추천하고 있습니다.

우리 가게는 어떤 광고를 해야 할지 고민이 된다면, 당근비즈니스를 활발하게 이용하고 있는 동종업체들을 살펴보면 힌트를 얻을 수 있습니다. 피드 광고와 검색 광고를 만드는 방법은 챕터 4에서 자세히 알아보겠습니다.

[내 근처] 탭을 통해 업체 확인하기

[내 근처] 탭을 통해 우리 동네에 어떤 업체들이 있는지 확인할 수 있습니다. 카테고리별로 음식점, 카페·디저트, 운동, 농수산물, 이사·용달, 수리, 과외·클래스, 뷰티샵, 미용실, 인테리어시공, 청소, 세탁소, 취미, 학원, 육아, 병원·약국, 반려동물 등이 있습니다.

[내 근처] 탭에 나오는 업종은 당근비즈니스에서 활동하는 가게들을 카테고리별로 묶어 분류한 것입니다. 만약 우리 가게가 해당 업종들 중 하나에 해당한다면 당근비즈니스에 진입하기 좋은 조건을 갖추었다고 볼 수 있습니다.

[내 근처] 탭에서 확인할 수 있는 업종들의 공통점은 무엇일까요? 바로 꾸준한 수요가 있다는 점입니다. 운동 카테고리를 예로 들어볼까요? 잘못된 자세로 인해서 목이

▲ [내 근처] 탭에 나오는 업종 목록

나 허리 등의 신체 건강이 점차 안 좋아지는 사람들은 갈수록 늘어나고 있습니다. 이러한 점을 고려하여 체형 교정이 필요한 사람들에게 재활 필라테스 광고를 돌려보았습니다.

먼저 해당 광고의 타깃을 설정하기 위해 실제로 필라테스 센터에 체형 교정을 받으러 오는 주 고객층을 정리했습니다. 회사에서 하루 종일 제자리에 앉아 모니터를 들여다보고 있어야 하는 직장인인 3040 비중이 가장 높았습니다. 이를 반영하여 3040 연령층을 타깃으로 광고를 돌린 결과, 다음과 같은 문의를 받을 수 있었습니다.

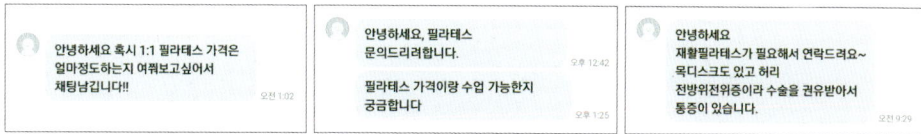

▲ 재활 필라테스 문의 사례

이처럼 우리 가게가 일상에서 꾸준히 수요가 있는 업종이라면 당근비즈니스에서 고객을 끌어들일 가능성이 충분합니다.

고가의 상품이라도 수요만 있다면 OK

고가의 상품이나 서비스라면 어떨까요? 당근은 중고거래를 주로 하는 곳인 만큼 저렴한 상품만 통할 것이라고 생각하는 사람들이 많습니다. 당근 유저들 역시 시세보다 저렴한 가격을 선호하기 때문에 어느 정도는 일리 있는 말입니다. 하지만 고가의 상품이라 하더라도 수요만 있다면 당근 마케팅으로 충분히 모객할 수 있습니다.

당근으로 중고차 광고를 한다면 문의가 올까요? 아무리 저렴하다 하더라도 최소 몇백만 원의 비용이 발생하기 때문에 모객이 쉽지 않아 보입니다. 게다가 중고차 시장에서 부당한 거래를 당한 사례가 많은 만큼 인식도 좋지 않아서 중고거래 플랫폼인 당근에서는 적합하지 않다고 느낄 수도 있습니다.

그럼에도 당근에서 중고차 시장은 해마다 성장세를 보이고 있습니다. 다시 말해 중고차 수요가 끊임없이 증가하고 있다는 의미입니다. 필자는 당근비즈니스의 모객 원리를 적용하여 중고차 광고를 진행하기도 했습니다.

광고가 노출된 지 얼마 지나지 않아 여러 유저들로부터 문의가 오기 시작했습니다. 그리고 지금까지도 꾸준한 문의로 이어지고 있습니다. 이처럼 우리 가게가 밀고 있

 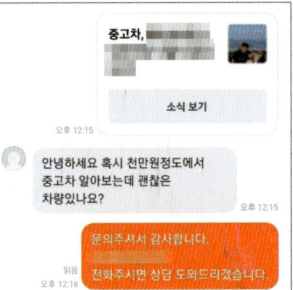 

▲ 중고차 문의

는 아이템이 고가의 상품이라 하더라도 수요만 존재한다면 충분히 문의를 받을 수 있습니다.

광고를 돌리기 전에 당근을 둘러보며 우리 아이템의 수요가 존재하는지를 파악하는 것이 우선입니다. 당근에서 고객들이 원하는 것은 무조건 저렴한 아이템이 아니라 합리적인 거래임을 기억해야 합니다. 광고를 통해서 우리 가게만의 합리적인 상품이나 서비스를 제공할 수 있다면 누구든 잠재고객이 될 수 있습니다. 당근비즈니스가 새로운 매출의 길을 열어줄 것입니다.

마케팅이 쉬워지는 당근 꿀팁!

우리 가게도 당근에서 잘될까요?

충분한 수요가 존재하는 업종이라도 직접 광고를 시도해보지 않고는 알 수 없습니다. 다른 플랫폼에서는 치열한 경쟁에서 밀려 판매율이 낮은 상품도 당근에서는 잘되는 경우가 있습니다. 반대로 다른 플랫폼에서 잘되는데 당근에서는 판매가 저조한 경우도 있습니다. 또 어떤 지역에서는 잘되는 업종이라도 다른 지역에서는 잘 안되는 사례도 많습니다. 우리 가게가 당근에서 잘될지 알 수 있는 가장 확실한 방법은 직접 부딪혀보고 시도해보는 것입니다.

CHAPTER 4.
당근 광고 어디에 노출되나요?

당근 광고의 세 가지 종류

본격적으로 당근비즈니스를 시작하기에 앞서 당근에서 할 수 있는 광고의 종류를 살펴보겠습니다. 당근에서는 크게 세 가지 광고를 할 수 있습니다. 피드 광고, 검색 광고, 웹사이트 방문 유도 광고입니다.

● **피드 광고**

먼저 피드 광고는 유저들의 중고거래 게시글 사이에 노출되는 광고입니다. 업종에 상관없이 당근비즈니스에서 가장 많이 활용되고 있는 광고입니다.

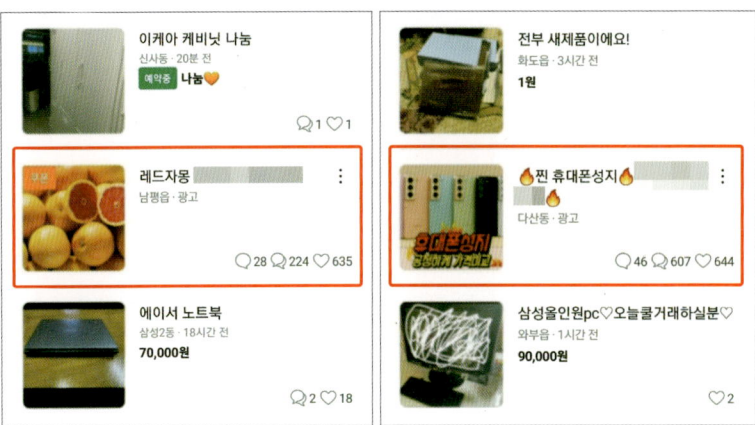

▲ 피드 광고 예시

대다수의 당근 유저들은 중고거래에만 목적이 있는 것이 아니라 새로운 상품을 찾기 위해 다양한 활동을 합니다. 중고거래 게시글 중간에 눈에 띄는 광고가 있다면 관심을 가지고 눌러보기도 합니다. 피드 광고는 광고를 설정할 때 지정한 동네와 연령, 성별의 타깃 유저들에게 노출되는 광고로, 오픈 이벤트나 새로운 상품 또는 서비스 소식 등을 알릴 때 유용합니다.

● 검색 광고

검색 광고는 말 그대로 당근 유저들이 특정 키워드를 검색했을 때 노출되는 광고입니다. 예를 들어, '휴대폰'이라는 키워드를 검색하면 상단에 다음과 같은 광고글이 올라옵니다.

▲ 검색 광고 예시

검색 광고는 중고거래에서 검색량이 많은 업종에 유리한 광고입니다. 갤럭시, 아이폰 등과 같이 휴대폰과 관련된 키워드는 특히 중고거래에서 검색량이 많으므로 휴대폰 관련 업종은 검색 광고를 하기에 적합하다고 볼 수 있습니다.

중고물품은 아니지만 서비스 관련 업종도 검색 광고를 활용하기 좋습니다. 당근 유저들이 우리 동네에서 서비스 상품을 찾을 때 해당 키워드를 검색하기 때문입니다. 예를 들어, 네일이나 속눈썹 관리 등과 같은 업종이 있습니다. 네일이나 속눈썹 관리 제품을 검색하다가 검색 광고글에 우리 가게가 노출되면 현장 방문으로 이어질 가능성이 높습니다.

● 웹사이트 방문 유도 광고

웹사이트 방문 유도 광고는 중고거래 게시글 중간에 노출된다는 점은 피드 광고와 같습니다. 그러나 피드 광고와 달리 웹사이트 방문 유도 광고는 유저들이 해당 광고글을 클릭했을 때 비즈프로필이 아닌 업체가 지정한 웹사이트로 연결됩니다.

'두피 마사지 체험' 광고글 우측 하단의 [바로가기]를 터치하면 업체에서 설정한 페

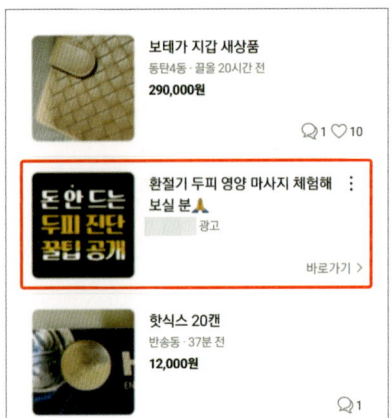

▲ 웹 사이트 방문 유도 광고

이지로 넘어갑니다. 우리 가게에서 직접 만든 랜딩페이지•가 있다면 적극적으로 활용해볼 수 있습니다. 주로 두피, 피부 관리, 요가, 네일처럼 무료로 체험할 인원을 모집할 때 유용합니다. 랜딩페이지뿐만 아니라 우리 가게의 스토어 상세페이지로 연결하여 판매를 유도하는 방법도 있습니다.

지금까지 당근에서 활용할 수 있는 세 가지 광고를 살펴보았습니다. 이외에도 당근에서는 새로운 광고 기능을 계속해서 업데이트하고 있습니다. 초보 사장님이라면 이 세 가지 광고만 잘 활용해도 충분한 성과를 얻을 수 있습니다.

• 랜딩페이지 : 이용자가 사이트를 방문했을 때 가장 먼저 보게 되는 페이지입니다.

마케팅이 쉬워지는 당근 꿀팁!

광고비는 어떻게 빠져 나가나요?

당근 광고비는 CPC(Cost Per Click) 방식으로 책정되어 클릭당 비용으로 발생됩니다. 중고거래 게시글 중간에 올라온 광고글을 유저가 클릭할 때 비용이 일어나는 것입니다. 광고가 아무리 많이 노출되더라도 클릭이 일어나지 않으면 비용이 부과되지 않습니다. 또 일정 시간 내에 한 사람이 동일한 광고를 여러 번 클릭하더라도 1회에 대한 비용만 부과됩니다. 클릭당 비용은 클릭률에 따라서 달라질 수 있습니다. 동일하게 노출되더라도 클릭률이 높으면 클릭당 비용이 적게 나오며, 반대로 클릭률이 낮으면 클릭당 비용은 많이 나올 수 있습니다.

CHAPTER 5.
당근비즈니스 광고 효과 사례

당근으로 광고 효과를 보지 못한 사람들의 이야기를 종종 찾아볼 수 있습니다. 당근은 초보자도 쉽게 접근할 수 있는 마케팅 플랫폼인데 왜 효과를 보지 못했을까요? 당근비즈니스를 한다고 무조건 광고 효과를 볼 수 있는 건 아닙니다. 당근의 '모객 원리'를 익히고 실전에 적용해야만 합니다. 필자에게 문의를 한 업체 중 당근비즈니스로 광고 효과를 본 업체는 모두 이 모객 원리에 따라서 마케팅을 진행했다는 공통점이 있습니다. 지금부터 당근으로 광고 효과를 본 업종의 사례를 살펴보겠습니다.

홈케어 서비스 : 하루 0건이던 문의가 연간 700건이 되다!

첫 번째는 필자가 직접 경험한 사례입니다. 필자는 홈케어 서비스를 운영 중이었지만 2020년 코로나19 팬데믹으로 사회적 거리두기가 시행되면서 고객의 집에 직접 방문하는 일이 매우 어려워졌습니다. 방문 자체가 불가능했기 때문에 실질적으로 매출을 일으킬 수 없는 상황이었습니다.

이러한 상황을 극복하기 위해 여러 마케팅 수단을 찾아보던 중 당근 광고를 알게 되었습니다. 필자는 가장 먼저 '무료 홈케어 이벤트' 소식지를 작성하여 진행했습니다. 놀랍게도 광고를 돌린 지 몇 시간 지나지 않아서 바로 문의가 왔습니다.

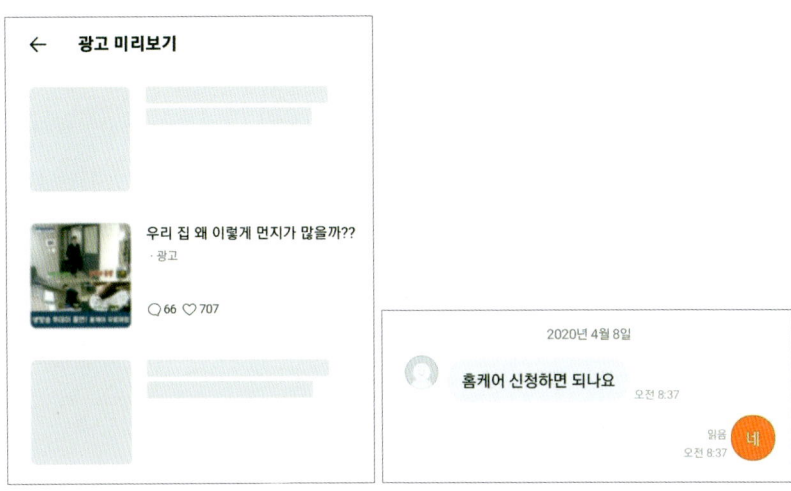

▲ 필자가 업로드한 광고　　　▲ 코로나19 바이러스가 확산 중인 시기의 첫 문의

2020년 4월은 코로나19 바이러스가 확산되어 사람들이 자신의 집으로 외부인을 잘 들이지 않는 시기였습니다. 그럼에도 첫 문의 이후로도 계속해서 홈케어 문의가 이어졌습니다. 하루에 적게는 두세 건, 많게는 10건 이상의 문의를 받았습니다. 1년간 약 700건 이상의 홈케어 신청을 받으며 수월하게 영업을 이어간 덕분에 안정적으로 매출을 올릴 수 있었습니다.

모두가 어렵다고 하는 시기에 수많은 문의가 쇄도하는 기적을 맛보며 깨달았습니다. 아무리 경기가 어려운 상황이어도 수요는 여전히 존재하며, 모객 원리만 알면 누구나 쉽게 문의를 받을 수 있다는 것입니다.

재활 필라테스 센터 : 단돈 5천 원으로 하루 세 건씩 문의가 오다!

두 번째는 필자에게 당근비즈니스 문의를 했던 재활 필라테스 센터의 사례입니다. 해당 센터의 원장님은 센터를 운영하는 동안 광고를 단 한 번도 해보지 않은 마케팅 초보자였습니다. 해당 센터가 있는 건물에 다른 필라테스 센터가 세 개로 늘어나며 경쟁이 심화되는 상황이었습니다. 어려운 시기에 원장님은 필자의 조언에 따라 당근 비즈니스를 시작했고, 필자가 소개한 모객 원리를 적용하기 시작했습니다. 결과적으로 단돈 5천원의 광고 집행 비용만으로 하루 세 명 이상의 문의를 받기 시작했습니다.

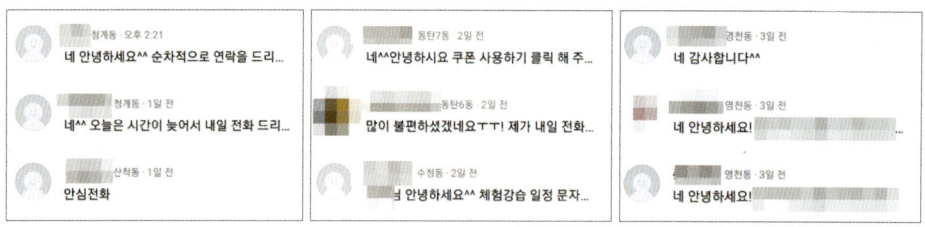

▲ 하루 광고 집행 비용 약 5천 원

▲ 하루 세 건의 문의

물론 처음부터 문의가 쏟아진 것은 아닙니다. 초기에는 광고를 해도 큰 반응이 없었습니다. 하지만 모객 원리를 알고 적용하자마자 고객 문의로 연결되기 시작했습니다. 많은 문의로 현재는 강습 선생님이 두 명 더 늘었으며 스케줄 역시 꽉 찬 상태로 모객 걱정 없이 일하고 있습니다. 같은 광고비를 지출하더라도 문의를 받기 위해서는 고객이 찾아올 수 있도록 만드는 원리를 적용하는 것이 중요합니다. 앞으로의 챕터들을 통해서 모객 원리를 단계별로 살펴보겠습니다.

분명한 성과를 위한 모객 원리의 중요성

앞서 이야기했듯 당근이라는 플랫폼을 활용하여 광고를 한다고 해서 무조건 성과가 나는 것은 아닙니다. 같은 광고를 하더라도 문의가 끊이지 않고 매출로 연결되는 가게가 있는 반면, 한 건의 문의도 받지 못하는 곳도 있습니다. 두 가게의 차이는 무엇일까요? 바로 '고객의 마음을 움직였는가?'에 있습니다. 문의를 받지 못한 곳은 고객이 움직여야 할 이유를 광고에 녹이지 못했다고 볼 수 있습니다. 반면 여러 건의 문의로 매출을 올린 곳은 광고를 접한 고객들이 '저 가게는 꼭 가봐야겠다' 하는 생각이 들도록 만듭니다. 고객은 아무런 이유 없이 움직이지 않는다는 사실을 잊어서는 안 됩니다.

경기가 나빠지고 상황이 어려워도 여전히 잘되는 가게들이 있습니다. 상황이 좋지 않음에도 잘되고 있다는 건 단순히 '운'만으로는 설명할 수 없습니다. 잘되는 데는 분명한 이유가 존재합니다. 계속해서 강조했듯, 고객이 찾아올 수밖에 없는 모객 원리를 잘 알고 광고에 적용했기 때문입니다. 단순히 당근을 해서 잘되는 것이 아니라, 당근비즈니스에 모객 원리를 적용했기에 잘되는 것입니다. 따라서 당근비즈니스의 활용법을 배우는 것과 동시에 모객 원리를 반드시 알고 진행해야 합니다.

PART 2.
'이것' 없이 광고하지 마세요

광고를 하기에 앞서 반드시 점검해봐야 할 부분이 있습니다. 바로 마케팅의 본질입니다. 이를 생각하지 못한 채 단기적인 결과만 고려한다면 결코 오래갈 수 없습니다. 순간의 이득이 아닌 꾸준한 성과를 추구해야 합니다. 이번 파트에서는 마케팅의 본질을 튼튼하게 다지고, 지속할 수 있는 사업을 만들어가는 방법을 알아보겠습니다.

CHAPTER 1.
장사가 안될 때 하는 실수

장사가 잘 안될 때 가장 많이 하는 실수 중 하나가 빠른 해결책을 찾으려 한다는 것입니다. 물론 다양한 방법을 시도하는 것이 잘못된 방법은 아닙니다. 그러나 빠르게 결과만 내고자 하는 욕심은 성과에 도달하기는커녕 돈과 시간만 허비하게 만들 수 있습니다.

코로나19 팬데믹 이후 다양한 마케팅 방법을 시도하는 사장님들을 만나면서 필자가 깨달은 한 가지가 있습니다. 성공한 사람 중 그 누구도 빠르게 결과를 얻은 사람은 없었다는 점입니다. 혹 주위에 있는 누군가가 단기간에 큰 효과를 봤다는 이야기를 들었을 수도 있습니다. 하지만 그런 사람들은 이전에 수없이 많은 시행착오를 겪고 그 안에서 해결책을 찾았을 확률이 높습니다. 당장의 결과만을 보고 그들이 빠르게 성과를 얻었으리라고 착각해서는 안 됩니다.

자신이 살던 동네에 새로운 아파트가 들어서면 사람들은 "언제 저렇게 다 지어졌대?" 하고 놀라며 이야기를 합니다. 완공된 모습만 보면 순식간에 지어진 것 같지만, 완성되기까지 현장에서 수많은 사람들의 고된 노동이 있었을 것입니다. 결과만을 바라보는 사람들은 건설 현장에서 얼마나 세세한 작업이 있었는지는 생각지 않습니다.

2023년 모 아파트에서 철근을 빼먹어 주차장이 무너져 내린 사건이 있었습니다. 기초적인 작업이 제대로 되지 않은 상태에서 건물이 세워진다면 무너지는 것은 한순간입니다. 성과를 내는 것도 건물을 올리는 것과 같은 원리입니다. 당장 눈에 보이는 결과를 위해 기초 작업을 단단히 다지지 않는다면 성과는 절대 따라오지 않습니다.

신뢰할 수 없는 고가의 마케팅 비용 지불

사업자를 등록하고 장사를 시작하면 마케팅 광고 전화가 수십 통씩 걸려오기 시작합니다. 자영업을 하는 사람들은 흔히 겪는 일입니다. 대체로 광고 전화를 받지 않고 끊어버리는 경우가 많지만, 매출이 떨어지고 조급함이 생기다 보면 혹여나 도움을 받을 수 있진 않을까 하는 마음으로 이야기를 들어보게 됩니다. 그러고는 수백만 원에 달하는 고가의 마케팅 비용을 지불합니다.

문제는 광고 업체에서 처음에 했던 이야기와는 다르게 시간이 지나도 아무런 변화가 일어나지 않는다는 점입니다. 많은 비용을 지불했지만 상황은 조금도 개선되지 않고 실제로도 홍보 마케팅을 진행하고 있기는 한 것인지 알 수도 없습니다. 뒤늦게 환불을 요구하지만 달라지는 것은 없습니다.

불행하게도 주변에서 이와 같은 광고 사기를 당한 사례를 쉽게 찾아볼 수 있습니다. 매출이 떨어지는 어려운 상황 속에서 고가의 마케팅 비용까지 지불했기 때문에 괴로움은 배로 늘어납니다. 제대로 알아보지 않고 내린 섣부른 판단이 화를 부를 수 있습니다. 마케팅이 무엇인지 잘 알지 못한다면 언제든 누구든 비슷한 어려움에 처할 수 있습니다.

직접 광고를 하는 것이 쉽지 않은 일이라 하더라도 자영업자라면 마케팅이 무엇인지 확실하게 알아야 합니다. 가게를 운영하는 관점에서 마케팅을 한 줄로 설명하자면, 고객에게 우리 가게의 가치를 알리고 직접 찾아오도록 만드는 것입니다. 이 사실을 알고만 있어도 수많은 광고 전화를 거를 수 있습니다. 헷갈릴 때는 한 가지만 생각해 보면 됩니다.

'마케팅을 잘하는 곳이라고 하는데 왜 전화로 영업을 하는 걸까?'

진짜 마케팅을 잘하는 업체라면 전화 영업을 돌리지 않더라도 고객이 제 발로 찾아오도록 만들 수 있을 것입니다. 조급한 마음에 서두르기보다는 제대로 된 마케팅을 하기 위해서 어떤 과정이 필요한지 확실하게 알고 준비해야 합니다.

빠른 성과를 위한 허위&과장 광고

우리의 일상에서 '과대 포장'의 예시는 쉽게 찾아볼 수 있습니다. 마찬가지로 실제 상품이 가진 가치를 과장하여 마케팅하는 사례는 흔합니다. 자신의 업체를 알리기 위한 방법이라고 하지만 허위로 과장된 광고는 마케팅이라고 할 수 없습니다. 실제로 줄 수 없는데 줄 수 있다고 말하는 것은 사기입니다. 다른 곳에서 그런 식으로 마케팅을 한다고 해서 여러분도 그러한 방법을 따라서는 안 됩니다.

마케팅이란 우리 상품 본연의 뛰어난 가치를 몰랐던 고객이 깨닫게 하고, 우리 가게에 쉽게 찾아올 수 있도록 하는 것입니다. 과하게 포장함으로써 고객을 속이고 방문하도록 만들면 한 번은 유입시킬 수 있습니다. 하지만 이후의 재방문은 절대 일어나지 않습니다. 지속되지 않는 사업은 결국 망할 수밖에 없습니다. 따라서 빠르게 성과를 도달하기 위해 과대 포장하려 해서는 안 됩니다.

성과를 위한 마케팅을 하기 이전에 우리 가게의 상품 또는 서비스가 얼마나 가치있는 것인지 먼저 고민해야 합니다. 이 부분이 부족하다면 장기적으로 어떻게 채워나

가야 할지 숙고하고 정리해야 합니다. 이것은 사업이 잘되든 안되든 항상 생각해야 할 과제입니다. 그래야만 고객을 기만하는 잘못된 선택을 하지 않고 제대로 된 마케팅을 실현할 수 있습니다.

가장 빠른 방법은 점진적으로 꾸준하게 가는 것

필자는 지금까지 사업과 관련된 교육을 듣는 데만 수천만 원을 썼습니다. 교육을 들으며 수많은 사업자를 만났습니다. 그중 성과가 난 사람들은 소수에 불과했습니다. 그들의 공통적인 특징은 한 가지를 지속적으로 꾸준히 해왔다는 것입니다. 사업을 위해 수년간 마케팅 교육을 들으며 노력하던 중 결과를 만들어낸 것입니다.

반면 성과를 보지 못하는 사람들은 단 한 번의 교육을 듣고 당장 결과가 나지 않아서 또 다른 방법을 찾아 나섭니다. 그러고는 몇 년이 지나서 또 다른 교육을 들으며 빠른 성과에 도달하기만을 기대합니다.

빠르게 성과를 얻을 수 있다고 하는 대부분의 이야기는 거짓에 가깝습니다. 결과는 한 가지를 지속적으로 하는 데서 따라옵니다. 가장 빠른 방법은 점진적으로 꾸준하게 하는 것입니다. 건물의 기초를 세우듯이 뼈대를 튼튼하게 세워 결과를 만들어가기를 바랍니다.

CHAPTER 2.
성과가 나지 않는 이유

2016년 무더운 여름, 필자는 회사의 제품을 알리기 위해 처음으로 전단지를 만들었습니다. 그리고 대구 서문시장에서 지나가는 행인들에게 한 장씩 돌렸습니다. 큰 기대를 하고 시작한 것은 아니었지만 결과는 처참했습니다. 나눠주는 수만큼 길바닥에 전단지는 쌓여만 갔습니다. 사방에 흩어진 전단지는 오고가는 사람들의 발걸음에 짓밟혔고 문의는 단 한 건도 받지 못했습니다.

지금까지 이런저런 광고를 시도해보고 마케팅에 많은 돈을 썼음에도 효과를 보지 못했다면, 필자가 전단지를 돌렸을 당시의 경험과 크게 다르지 않을 것입니다. 수백 명, 수천 명에게 상품을 노출시켰어도 결과는 버려진 전단지와 같이 사람들의 기억 속에서 금방 사라질 뿐입니다. 어떤 마케팅이든 수박 겉핥기 식으로 방법만 배우고 무작정 시작하면 망할 수 있습니다.

당신의 광고를 쳐다보지도 않고 지나치는 이유

사람들이 광고에 관심을 갖지 않고 전단지를 버린 이유는 무엇일까요? 만약 이 질문에 대한 답을 내려보지 않고 또다시 새로운 마케팅 방법을 찾으려 한다면 아마도 결과는 이전과 같을 것입니다. 성과란 피드백 없이는 결코 따라오지 않기 때문입니다. 실패를 통해서 무엇이 잘못되었는지 확실하게 짚고 넘어가야 합니다.

사람들이 전단지를 버렸던 가장 큰 이유는 전단지가 그들의 궁금증을 자극하지 못했기 때문입니다. 전단지를 만들 때는 사람들의 눈길을 사로잡을 수 있도록 만드는 것이 중요합니다. 우리는 하루에도 수백 개 이상의 광고를 지나치지만 제대로 들여다보는 광고는 드뭅니다. 넘쳐나는 광고 속에서 여러분이 관심을 가진 광고가 있다면 그 광고가 여러분의 호기심을 자극했기 때문일 것입니다.

마찬가지로 유튜브에 들어가서 영상을 단 한 개만 시청하는 사람은 극히 드물 것입니다. 분명 10분만 보기로 마음 먹었는데 자신도 모르게 한 시간 넘게 영상을 시청한 경험도 있을 것입니다. 이는 다른 영상의 섬네일*이 여러분의 궁금증을 자극하여 눈길을 끌었기 때문입니다.

광고도 똑같습니다. 무엇보다 사람들의 눈길을 단번에 사로잡을 수 있어야 합니다. 여러분이 생각하기에 놓치면 안 되는 정보이고 기회라고 한들, 사람들에게는 단지 수백 개의 광고 중 하나에 지나지 않습니다. 눈길을 끄는 광고를 만든다면 가장 먼저 사람들의 반응에서부터 차이가 나타납니다.

다음 페이지의 캡처 이미지는 필자가 실제로 진행했던 두 가지 광고의 결과입니다. A 광고와 B 광고의 클릭률은 약 10배 가까이 차이가 납니다. 100명에게 노출된 광고를 아홉 명이 보는 것과 한 명이 보는 것은 광고 효과에서 비교될 수밖에 없습니다. 그에 따른 광고비 지출도 달라집니다.

---

* 섬네일 : 엄지손톱 크기의 작은 이미지를 말하지만, 지금은 동영상이나 콘텐츠 미리 보기 형태로 구성한 대표 이미지를 일컫습니다.

▲ A 광고   ▲ B 광고

클릭률이 높은 A 광고는 클릭당 비용 61원이지만 클릭률이 낮은 B 광고는 클릭당 비용이 474원이 나왔습니다. 같은 광고를 하더라도 B 광고가 8만 원을 쓸 때 A 광고는 1만 원으로도 그와 비슷한 효과를 볼 수 있다는 뜻입니다. B 광고가 효과가 없었던 이유는 A 광고처럼 사람들의 눈길을 사로잡지 못했기 때문입니다. 본격적으로 광고를 하기에 앞서 우리 가게의 상품이나 서비스의 어떤 점이 사람들의 궁금증을 자극하고 눈길을 사로잡을 수 있을지 고민해봐야 합니다.

고객의 마음을 움직여야 한다

고객들의 궁금증을 자극하는 것은 시작에 불과합니다. 고객의 마음은 단번에 움직이지 않습니다. 여러 과정에 걸쳐 그들의 마음이 조금씩 움직일 수 있도록 만들어야 합니다. 당근을 활용하여 고객의 마음을 움직이기 위해서는 다섯 단계가 필요합니다.

이 책에서는 이를 '당근 타기팅 프로세스'로 정의합니다. 이 프로세스만 잘 세팅한다면 각 단계를 통해 고객을 설득하고 그들의 마음을 움직일 수 있습니다. 이는 파트 4에서 상세히 알아보도록 하겠습니다.

경기가 어려워져도 고객은 여전히 자신에게 필요한 상품이나 서비스를 찾아 헤매고 있습니다. 우리 가게가 업계에서는 가장 좋은 상품과 서비스를 갖추고 있다 해도 사람들이 선택하지 않는 것은 우리 가게의 장점이 눈에 띄지 않을 뿐만 아니라 고객에게 우리 가게를 선택해야 하는 이유를 전달하지 못했기 때문입니다. 반면, 우리 가게보다 상품의 품질이 낮고 서비스가 좋지 않은데도 잘되는 곳을 본 적이 있을 것입니다. 이들이 선택받을 수 있었던 것은 고객이 그 가게를 선택해야 할 이유를 쉽게 정리하여 제공했기 때문입니다.

파트 3과 파트 4를 통해 당근비즈니스를 본격적으로 세팅해볼 것입니다. 모든 과정을 통해서 고객의 마음을 움직일 수 있다면 매출은 절로 따라올 것입니다.

CHAPTER 3.
'진짜' 단골을 만들어야 하는 이유

당근비즈니스의 큰 장점 중 하나는 비즈프로필의 단골을 확보하는 것과 동시에 가게 방문으로 연결시킬 수 있다는 점입니다. 단골이 많을수록 가게의 매출을 올리는 데 도움이 됩니다. 그러나 비즈프로필의 단골을 실재하는 단골이라 착각해서는 안 됩니다. 단골의 의미를 잘 모르면 비즈프로필의 단골을 늘리는 일에만 집착할 수 있기 때문입니다.

먼저 단골의 본질이란 무엇인지에 대해서 알아야 합니다. 단골이란 가게에 한 번이 아니라 여러 차례 방문하는 고객을 의미합니다. 일상에서 단골의 사례는 쉽게 찾아볼 수 있습니다. 대개 사람들은 매번 가던 미용실에서 머리를 자르고, 휴대폰을 바꿀 때도 이전에 구매했던 곳을 방문합니다. 새로운 곳에 가는 것보다 자신이 이미 경험했던 곳에서 얻을 수 있는 서비스의 만족도가 더 높다고 생각하며, 그만큼 해당 업체를 신뢰하기에 단골이 됩니다. 한 번만 오고 재방문을 하지 않는 고객은 단골이라 보기 어렵습니다. 고객을 단골로 만드는 성패는 처음 방문했을 때 퀄리티 높은 상품 또는 서비스를 제공할 수 있느냐에 따라서 결정됩니다.

일회성 마케팅은 단골을 만들 수 없다

필자는 맛집 찾아다니는 것을 즐깁니다. 한번은 주말에 블로그 검색을 통해 평점과 리뷰가 좋은 주꾸미 맛집을 찾아 갔습니다. 좋은 후기가 여러 개였던 만큼 당연히 기다리는 사람이 많을 것이라고 예상했습니다. 하지만 한 테이블만 자리를 차지하고 있었을 뿐 다른 손님은 없었습니다. 메뉴를 주문한 후 음식을 먹어본 결과, 높은 평점과는 다르게 맛집이라고 보기 어려운, 너무나도 평범한 요리였습니다. 필자가 찾은 블로그를 다시 확인해보니 마케팅 업체를 통해서 체험을 하고 리뷰를 작성한 광고글이었습니다. 필자처럼 블로그와 리뷰를 확인하고 방문하는 사람들이 존재하기 때문에 주꾸미 가게는 마케팅 효과를 봤다고 볼 수 있습니다. 그러나 문제는 첫 방문 고객이 재방문하지 않을 확률이 높다는 점입니다.

이처럼 마케팅 업체가 진행한 후기글을 통해 처음 방문인 고객들을 끌어들일 수는 있습니다. 그러나 불행하게도 상품이나 서비스의 퀄리티가 낮다면 이후의 재방문까지 연결시키기는 어렵습니다. 단기적으로는 마케팅을 통해 매출을 올릴 수 있겠지만, 단골이 존재하지 않는 가게는 결국 문을 닫을 수밖에 없습니다. 주꾸미 가게의 리뷰와 평점이 좋은데도 손님이 몰리는 주말 점심에 단 한 테이블만 차지하고 있었던 이유는 재방문 고객이 드물며 단골을 생각하지 않는 마케팅을 했기 때문입니다. 더 이상 일회성 장사를 위한 마케팅을 해서는 안 됩니다. '진짜' 단골을 만들기 위한 마케팅을 해야 합니다.

단골과 후기를 구매하면 '진짜' 단골을 놓친다

처음 당근비즈니스를 시작하면 당연하게도 비즈프로필의 단골 수는 0입니다. 그런

데 처음부터 단골과 후기를 구매하는 사람들을 찾아볼 수 있습니다. 마치 인기가 많은 계정으로 보이기 위해 돈을 주고 인스타그램 팔로워를 구매하는 것처럼 마케팅 업체를 통해서 비즈프로필의 단골과 후기를 구매합니다. 그러나 단골과 후기를 구매해 '진짜' 단골과 후기처럼 가장하는 것은 결코 현명한 방법이 아닙니다. 그 이유를 세 가지로 정리할 수 있습니다.

첫 번째, 구매한 단골과 후기로는 고객들의 재방문을 일으키지 못합니다. 가짜 단골로는 어떠한 매출도 발생시킬 수 없습니다. 재방문이 없는 단골을 가지고 있는 것은 무의미합니다. 당근의 고객은 비즈프로필의 단골 수를 보고 업체에 방문하지 않습니다. 다른 고객들이 그러하듯이 해당 업체의 상품과 서비스가 합리적이라 생각할 때 움직입니다. 앞서 주꾸미 가게의 사례에서 살펴보았듯 가짜 후기로 한 번은 속일 수 있어도 지속적인 방문은 보장하지 못합니다. 고객을 속이는 것으로 사업을 시작해서는 안 됩니다. 그보다 진짜 단골을 만들기 위해서 어떻게 해야 하는지, 좋은 후기를 받기 위해서 무엇을 바꿔야 할지 고민하고 준비해야 합니다.

두 번째, 단골과 후기를 구매하는 행위는 사업이 성장할 수 있는 기회를 가로막습니다. 사업이 잘되기 위해서 중요한 것은 고객의 피드백입니다. 단골이 잘 모이지 않고 후기가 많이 쌓이지 않는다면 이 또한 고객의 피드백으로 받아들이고 문제를 파악할 수 있는 기회로 삼아야 합니다. 문제가 무엇인지 알아야 단골을 확보하는 방법부터 정성스러운 후기를 얻는 노하우까지 터득할 수 있습니다. 노력 없이 돈으로 단골과 후기를 산다면 차후에 직접 단골을 모으고 후기를 받는 데 어려움을 겪을 수 있습니다. 중요한 것은 빠른 속도가 아닌 지속적인 성장임을 기억해야 합니다.

세 번째, 당근에서는 조작된 단골과 후기를 알고리즘으로 잡아낼 수 있습니다. 많은 단골과 후기 수에 검색 시 상위에 노출될 수 있습니다. 그러나 조작임이 드러나면 아무리 단골과 후기가 많더라도 상위에 노출되지 않고 아래로 떨어질 수 있습니다. 또한 구매한 후기가 알고리즘에 잡힐 경우 모두 삭제될 수 있습니다. 실제로 단골과 후기를 구매할 당시에는 큰 문제가 없었으나 시간이 지난 뒤 모두 삭제된 사례는 쉽게 찾아볼 수 있습니다.

▲ 검색 시 상위 노출   ▲ 후기 조작 시 삭제 사례

비용을 지불하고 단골과 후기를 구매하는 것보다 고객이 스스로 찾아오고 후기를 남길 수 있도록 양질의 시스템을 구축해야 합니다. 잘되기 위해서 직접 단골을 모으고 좋은 후기를 받을 수 있는 방법은 무엇인지 공부하고 익혀야 합니다. 비즈프로필의 단골을 만들고 실제 방문까지 이어졌다면 이것만으로 끝나서는 안 됩니다. 당근의 단골을 넘어서 재방문할 수 있는 실제 단골이 될 수 있도록 만들어야 합니다.

당장 돈으로 우리 가게의 단골인 척하는 사람을 쉽게 모을 수는 있겠지만 머지 않아 내실은 들통나게 되어 있습니다. 잘되는 가게는 결코 단골을 돈 주고 구매하지 않습니다. 오래가는 사업을 하기 위해서는 진짜 팬인 단골을 많이 만들어야 합니다.

CHAPTER 4.
매출이 떨어지는 업체가 무조건 바꿔야 할 한 가지

오랫동안 영업을 하면서 깨달은 한 가지가 있습니다. 고객은 굽신거리는 사람보다 당당한 사람의 말을 더 귀 기울여 듣는다는 사실입니다. 영업하는 사람들은 대개 두 가지 유형으로 나눠볼 수 있습니다. 첫 번째 유형은 물건이 잘 안 팔려서 한 개라도 사주기를 바라는 '을'의 유형입니다. 이들은 어떻게 해서든 실적을 채우는 것에만 신경을 씁니다. 두 번째 유형은 제품에 자신감을 선보이는 '갑'의 유형입니다. 제품이 고객에게 줄 수 있는 가치가 크다는 것을 알고 확신을 가지고 판매합니다.

장사를 할 때도 갑의 유형과 을의 유형으로 나뉩니다. 두 유형 중 갑의 유형은 장사가 잘되지만, 을의 유형은 지속적인 매출 하락세를 보입니다. 모두가 갑의 유형이면 좋겠지만 안타깝게도 많은 경우 을의 유형으로 행동합니다.

'을'이 되는 순간 경쟁에서 멀어진다

2022년 11월, 사우디아라비아의 빈 살만 왕세자가 한국에 방문했습니다. 국내의 대기업 총수들은 빈 살만 왕세자를 만나기 위해 한 자리에 모였습니다. 이미 모든 걸 다 가진 대기업 총수들이 빈 살만 왕세자를 만나기 위해 모인 이유가 무엇일까요? 그건 바로 그들보다 더 많은 자본을 가진 빈 살만 왕세자에게 천문학적인 자금을 투자받을 수 있는 기회였기 때문입니다.

우리 사회는 더 많은 것을 제공할 수 있는 사람이 자연스레 갑의 자리에 앉게 되고, 제공받는 쪽이 을의 위치에 서게 됩니다. 그렇다면 장사를 할 때 상품이나 서비스를 제공하는 곳은 업체인데 왜 고객이 갑의 자리에 앉는 경우가 많은 것일까요? 그 이유는 어디를 가든 비슷한 금액으로 동일한 서비스를 제공받을 수 있다고 생각하기 때문입니다. 또, 업체를 선택할 수 있는 권한은 고객에게 있습니다. 다양한 선택지가 있는 그들에게 선택받기 위해 가게는 을의 유형을 자처하게 됩니다.

하지만 을의 자리에 서는 순간 경쟁에서 밀릴 수밖에 없습니다. 다양한 선택지 속에서 고객이 찾아오기만을 기다린다면 시간이 흐를수록 매출은 떨어지기만 할 것입니다. 한 명의 고객을 유치하기에 앞서 어떻게 하면 경쟁 업체보다 더 많은 것을 줄 수 있을지 지속적으로 개발하고 연구해야 합니다.

받은 만큼 돌려주는 업체가 되어야 한다

국내에서 요식업을 가장 잘하는 사람을 꼽으라면 모두가 백종원 대표를 떠올릴 것입니다. 백종원 대표가 하는 사업을 보면 공통적인 특징이 있습니다. 가성비 좋은 음식을 연구개발하여 판매한다는 점입니다. 가격에 비해 더 맛있고 양이 푸짐한 음식을 제공하는 것에 초점을 둡니다.

대부분의 가게는 장사가 잘되면 가격을 조금씩 올리기 시작합니다. 반면 백종원 대표는 "음식값을 올리는 곳은 오래 못 간다."라고 말할 정도로 초심을 지킵니다. 그가

벌이는 대부분의 사업이 성공할 수밖에 없는 이유는 고객이 지불하는 비용보다 더 많은 가치를 제공하기 때문입니다.

우리는 일상에서 지출한 비용에 비해 퀄리티 높은 서비스를 제공받을 때 감동합니다. 반대로 이전보다 조금만 못해도 불만이 생깁니다. 그러므로 항상 고객이 더 많은 것을 제공받았다고 느낄 수 있도록 준비해야 합니다. 장사가 잘될수록 마진을 더 남기려 하기보다는 고객들에게 받은 만큼 돌려줄 수 있는 방법을 고민해야 합니다. 치열한 경쟁 속에서도 더 많은 것을 제공하는 곳에는 항상 고객의 발걸음이 끊이지 않습니다.

제대로 된 서비스를 제공하면 고객의 발걸음이 끊이지 않는다

가게를 운영함에 있어서 고객 모으는 방법을 아는 것은 무엇보다 중요합니다. 그럼에도 시장에서 갑이 되지 않는다면 고객의 발걸음은 한 번으로 그칠 수 있습니다. 고객들의 지속적인 방문을 만들기 위해서는 진정한 갑이 되어야 합니다. 앞서 이야기했듯 매출 하락에 신경을 쓰는 만큼 고객에게 더 많은 것을 제공하기 위해 무엇을 해야 할지 고민하고 개선해야 합니다.

대구광역시 수성구 범물동에는 마케팅을 전혀 하지 않는 복싱 체육관이 있습니다. 이곳은 홍보를 하지 않음에도 회원 수가 줄어들지 않습니다. 기존에 다니던 회원들이 계속해서 재등록을 하고 신규 회원도 지속적으로 유치됩니다. 어떻게 광고를 하지 않고도 체육관이 잘되는 걸까요? 바로 고객이 지불한 것 이상의 서비스를 제공받았다고 느끼게 해주기 때문입니다.

한 달에 약 10만 원의 비용만 내면 평일 내내 시간과 상관없이 자유롭게 체육관에

가서 운동할 수 있습니다. 체계적인 프로그램에 따라서 줄넘기, 섀도 복싱, 샌드백, 미트 훈련까지 관장이 직접 지도해줍니다. 여기서 끝나지 않습니다. 복싱 후 체력 단련 PT까지 도와줍니다. 모든 회원을 개별로 지도하며, 매일 회원들이 진행한 PT 프로그램을 수기로 기록하고 정리합니다. 이렇듯 정성스러운 관장의 노력에 회원들은 감동하고 계속해서 운동을 연장합니다. 실제로 필자는 3년째 이곳에서 운동을 배우고 있습니다. 마케팅을 하는 사람으로서 이 체육관을 볼 때마다 그저 놀라울 따름입니다.

자본주의 사회에서 대가를 받은 만큼 상품과 서비스를 제공하는 것은 당연합니다. 그러나 여기에 그쳐서는 안 됩니다. 대가를 받고 제공하되, 감동을 줄 수 있는 방법을 연구해야 합니다. 많은 것을 남기기 이전에 더 많은 것을 줄 수 있는 가게가 되어야 합니다.

CHAPTER 5.
잘되는 가게에만 있는 '이것'

유튜브를 보면 사실이 아닌 거짓 정보를 퍼다 나르는 소위 '가짜 뉴스' 콘텐츠가 매일같이 업로드됩니다. 거짓된 뉴스를 통해서 단기간에 수십 만의 조회수를 기록합니다. 잘못된 정보임에도 계속해서 이런 영상들이 생산되는 이유는 비교적 짧은 시간 내에 많은 조회수로 인한 이득을 취할 수 있기 때문입니다.

일상에서 과장 광고와 허위 광고 역시 쉽게 찾아볼 수 있습니다. 사람들의 신뢰를 얻고 방송에 출연한 유명인들도 이러한 문제로 자주 이슈가 되기도 합니다. 과장 또는 허위 광고를 하는 이유는 가짜 뉴스를 만드는 이유와 동일합니다. 소비자를 속이면 경쟁자보다 먼저 많은 이득을 취할 수 있기 때문입니다. 안타깝게도 많은 업체들이 과장 광고와 허위 광고를 당연시하기도 합니다.

그러나 당장에는 과장과 거짓을 통해 이득을 볼 수 있더라도 꾸준한 수익으로 이어지지는 못합니다. 과장된 광고로 얻은 인기가 오래가는 경우는 없습니다. 오히려 시간이 지난 뒤 해당 광고로 인해 큰 문제가 불거져 회사의 성장에 발목만 잡힙니다.

사업을 한다면 순간의 이득을 어떻게 취할 수 있을지 머리를 쓰기보다는 진정한 경쟁력을 획득할 수 있는 방법을 강구해야 합니다. 경쟁력이란 동일한 비용으로 더 많은 것을 제공할 수 있는 업체만이 갖출 수 있습니다. 고객을 속임으로써 얻게 된 작은 이득은 결코 경쟁력에 도움이 되지 않는다는 사실을 기억해야 합니다.

진정성이 있으면 잘될 수밖에 없다

해마다 기하급수적으로 동영상 크리에이터가 늘어나고 있습니다. 많은 사람이 시도하는 만큼, 시청자가 늘지 않아서 금방 그만두는 경우도 많습니다. 유튜브는 레드오션이라는 말이 나올 정도로 어려운 시장임에도 불구하고 단 한 달이라는 기간 만에 유튜브 채널 구독자 수가 30만 명까지 늘어난 채널이 있습니다. 채널을 개설한 지 두 달 만에는 구독자 수가 무려 70만 명이 넘어서 큰 이슈가 되기도 했습니다. 현재 약 200만 명의 구독자를 보유한 유튜버 '스토리'의 이야기입니다.

누군가는 그를 보며 "구독자 수가 정말 빨리 늘었네!" 하고 부러워합니다. 그러나 영상을 제작하는 과정과 퀄리티를 보고 난 후 반응은 달라집니다. 그는 유튜브로 성공하는 이유가 단지 '운'이 아님을 증명하기 위해 〈이비온〉이라는 채널을 비밀리에 새로 개설하여 실험을 했습니다.

먼저 채널의 주제와 방향성을 정하고 이와 가장 근접한 콘텐츠를 올리는 유튜브 채널 300개를 전부 구독한 뒤, 그들의 모든 콘텐츠를 낱낱이 분석했습니다. 어떤 영상이 조회수가 잘 나왔는지, 편집 스타일과 섬네일은 어떤지 등 성공한 채널들의 공통점까지 파악했습니다. 그동안 유튜브를 운영하며 습득한 지식과 분석한 내용을 토대로, 구독자가 0명인 상태에서 한 달간 '유튜브 키우기' 실험을 한 것입니다. 결과는 성공적이었으며 그 모든 과정을 요약해 약 19분짜리 영상으로 만들었습니다.•

• '유튜브가 운이 아니라는 걸 증명하기 위해 30일간 비밀 채널을 키워봤습니다' :
https://www.youtube.com/watch?v=Czmkes4yAOA

사람들은 하나의 짧은 영상을 시청한 것이지만 이것을 만든 해당 유튜버는 제작하기 전 기획 단계부터 결과물을 보여주기까지 최소 한 달이 넘는 시간을 투자했습니다. 그런 노력과 수고를 시청자들이 알기에 모든 댓글은 칭찬 일색입니다. 단기간에 구독자 70만 명을 만든 건 결코 우연이 아닙니다. 바로, 그의 콘텐츠에 담긴 '진정성' 때문입니다.

진정성의 사전적 정의는 '진실하고 참된 성질'입니다. 빠르고 쉽게 이득을 취하기 위해 거짓으로 꾸며내지 않는 것입니다. 경쟁력이란 절대 허위로 만들어낼 수 없습니다. 진정성을 가지고 오랜 시간의 수고를 거쳐야만 나올 수 있습니다. 맛집의 인기 메뉴는 우연히 탄생하는 것이 아니라 수십, 수백 번의 연구와 시도 끝에 나옵니다. 차별화된 서비스는 고객 만족을 위한 끊임없는 고민과 개선을 통해 만들어집니다. 빠르게 매출을 얻고자 고객을 속이는 방법을 선택해서는 안 됩니다.

지금은 한 번의 검색만으로도 성공한 자영업자들의 콘텐츠를 쉽게 찾아볼 수 있습니다. 그들의 공통적인 특징 한 가지는 바로 진정성입니다. 가게가 잘되지 않았을 때도 많은 비용과 시간을 투자했으며, 잘된 이후에도 그것을 동일하게 실행합니다. 많은 사람이 단기간에 성공할 수 있는 방법을 찾지만 짧은 시간에 엄청난 성과를 낼 수 있다고 하는 모든 정보는 거짓에 가깝습니다. 지속적인 노력과 수고를 통한 개선만이 상품과 서비스의 가치를 높일 수 있습니다.

계속해서 실패한다면 점검해야 할 두 가지

마케팅을 진행할 때 다양한 방법을 그저 배우기만 해서는 안 됩니다. 네이버 블로그를 배웠다가 잘 안돼서 인스타그램 마케팅을 시도하고, 인스타그램을 하다가 또 잘 안된다는 이유로 유튜브를 하는 경우가 많습니다. 이 책을 읽고 있는 독자 여러분 중에서는 어떠한 플랫폼에서도 제대로 성과를 보지 못한 채 새로운 방법만을 찾다가 당근비즈니스에 도전하려는 사람도 있을 것입니다. 아무리 다양한 시도를 해도 광고가 매출로 연결되지 않는 이유는 고객의 선택을 받을 만큼 경쟁력을 갖추지 못했거나 서비스 본연의 가치를 제대로 전달하지 못했기 때문입니다.

여러 가지 마케팅을 시도해보았지만 계속해서 실패했다면 두 가지 사항을 점검해야 합니다. 첫 번째로 시장에서 '우리 가게의 경쟁력이 어느 정도인지' 알아야 합니다. 이를 살펴보지 않고 광고만 진행한다면 계속해서 실패로 이어질 수 있습니다. 진정성을 가지고 자신의 서비스에서 개선할 점을 찾고 보완해야 합니다.

두 번째로 마케팅에서 '모객 원리를 제대로 적용했는지' 살펴봐야 합니다. 그저 광고만 한다고 해서 고객은 찾아오지 않습니다. 본연의 가치를 사람들이 잘 인지할 수 있도록 광고를 세팅해야 합니다. 이처럼 경쟁력과 모객 원리, 두 가지를 모두 고려하여 마케팅을 해야 성과로 연결될 수 있습니다.

필자에게 광고를 의뢰하는 사장님들이 동일하게 하는 질문이 있습니다. "저희 서비스는 광고하면 잘될까요?" 이에 대해 필자는 "그럴 수도 있고 아닐 수도 있습니다."라고 답변합니다. 결과에 대한 모든 답은 고객에게 달려 있습니다. 시도해보기 전까지는 누구도 알 수 없습니다. 그러므로 항상 고객 관점에서 자신의 상품을 바라봐야 합니다. 만약 성과가 잘 나오지 않는다면 확실한 피드백을 통해 경쟁력을 갖출 수 있도록 개선해야 합니다. 자신의 서비스에 대한 진정성만이 고객의 마음을 여는 해답이 될 수 있습니다. 과장과 거짓이 아닌 진실된 가치로 고객의 마음을 사로잡을 수 있는 마케팅을 실현하기를 바랍니다.

PART 3.
성과가 따라오는
실전 당근비즈니스

SNS 초보라 하더라도 당근비즈니스는 쉽게 배우고 따라 할 수 있습니다. 하지만 성과는 방법만 안다고 해서 따라오지 않습니다. 당근비즈니스를 세팅하는 과정을 통해서 고객들이 우리 가게로 방문하고 싶게끔 만들어야 합니다. 이번 파트에서는 당근비즈니스를 세팅하는 방법을 알아보고 성과를 만드는 실전 노하우를 소개합니다.

당근 광고를 하기 위해서는 먼저 비즈프로필을 만들어야 합니다. 비즈프로필이란 가게 운영과 홍보에 필요한 기능을 제공하는 서비스로, 유저(사용자) 프로필과 별개로

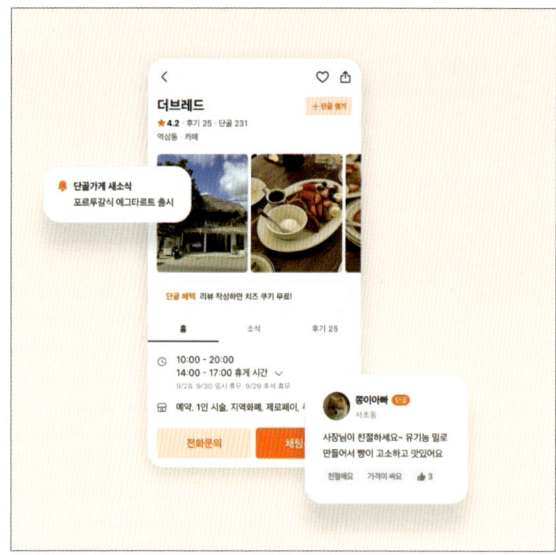

▲ 비즈프로필 예시(출처 : 당근비즈니스)

새로 생성할 수 있는 우리 가게의 프로필입니다. 비즈프로필을 통해 가게 홍보를 위한 소식지를 작성하여 단골을 확보하고 채팅으로 문의를 받을 수 있습니다.

비즈프로필을 만들어서 광고를 해야만 노출되는 것은 아닙니다. 비즈프로필을 만들기만 해도 [내 근처] 탭과 검색 결과에 무료로 노출됩니다. 단골이 생기기 시작하면 해당 단골의 중고거래 게시글 사이에도 우리 가게의 새로운 소식이 올라옵니다. 즉, 비즈프로필이란 가게 운영과 홍보에 필요한 기능을 제공하는 서비스입니다.

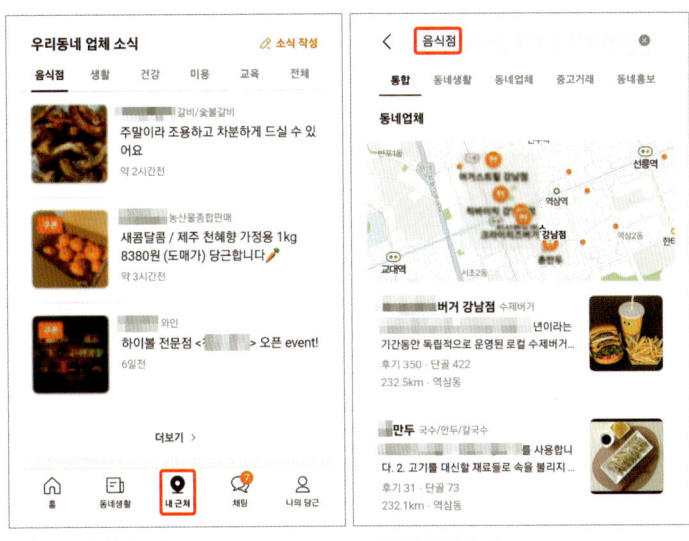

▲ [내 근처] 탭에 노출　　　　▲ 검색 결과에 노출

비즈프로필 화면 구성 알아보기

비즈프로필은 [홈], [소식], [후기] 세 개의 탭으로 구성되어 있습니다. 이 세 공간을 통해서 가게의 기본적인 정보부터 새로운 이벤트 소식을 알릴 수 있습니다. 또한 고객의 후기들이 한 군데 모여 있어서 가게의 서비스가 어떤지도 볼 수 있습니다.

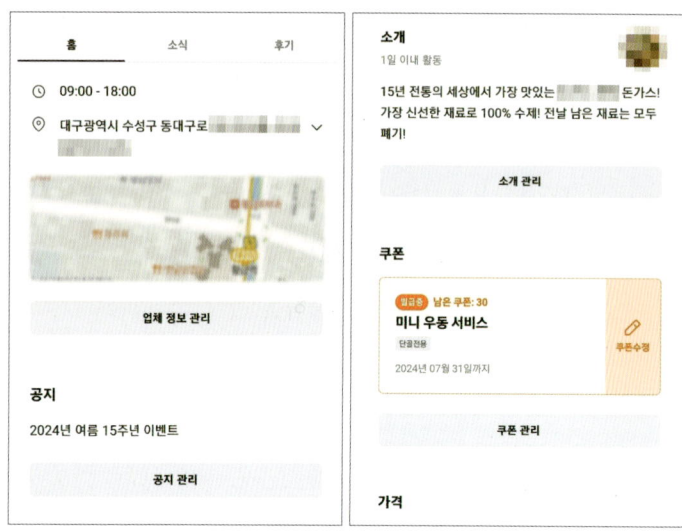

▲ 비즈프로필 [홈]

유저들이 가게의 비즈프로필에 들어오면 가장 먼저 [홈] 화면이 노출됩니다. [홈] 탭에서는 가게의 기본적인 정보를 확인할 수 있습니다. 당근 유저들은 가게의 [홈]을 보고 영업 시간과 위치 등의 정보를 제공받으며, 스크롤을 아래로 내리면 공지사항, 가게의 소개글, 이벤트 진행 중인 쿠폰, 서비스 메뉴의 가격까지 볼 수 있습니다.

▲ 비즈프로필 [소식]

[소식] 탭에서는 가게에서 전하고자 하는 소식을 확인할 수 있습니다. 만약 오픈을 앞두고 있다면 '오픈 이벤트'와 같은 소식지를 작성하여 당근의 유저들에게 알리는 것이 좋습니다. 추가적으로 새로 나오는 상품이나 서비스 소식도 올릴 수 있으며 고객이 잘 몰랐던 가게의 소개나 사장님의 노력 등을 담아도 됩니다. 광고를 진행할 때는 주로 잘 작성된 이벤트 소식을 업로드합니다. 그동안 전단지를 제작하여 일일이 나눠주는 방식으로 홍보를 진행했다면, 당근에서는 이벤트 소식을 작성함으로써 근처의 이웃들에게 쉽고 편리하게 우리 가게를 알릴 수 있습니다.

▲ 비즈프로필 [후기]

[후기] 탭은 제품이나 서비스를 이용한 유저들의 리뷰를 보는 공간입니다. 비즈프로필을 통해 우리 가게를 처음 접한 사람들이라면 가게에 곧바로 방문하지는 않을 것입니다. 시중에는 이미 다양한 상품과 서비스가 존재하며, 고객들은 이를 충분히 비교해보고 결정할 것이기 때문입니다. 우리가 온라인으로 어떤 상품을 살 때, 혹은 배

달 앱에서 맛집 후기를 찾아보고 싶을 때 다양한 리뷰를 참고하는 것처럼 당근에서도 가게의 후기를 먼저 확인할 가능성이 높습니다. 그리고 양질의 후기는 업체의 서비스에 대한 신뢰로 이어집니다. 비즈프로필에 양질의 후기가 많으면 서비스에 대한 신뢰로 이어질 수 있습니다. 그러므로 경쟁력을 갖추기 위해서는 지속적으로 양질의 후기를 확보해야 합니다. 고객의 정성스러운 후기를 모으는 것은 당근 마케팅에서 필수적인 과정입니다.

 당근 비즈프로필 세팅하기 LESSON >

그럼 지금부터 비즈프로필을 세팅해보겠습니다.

01_ 당근 화면의 최하단에서 ❶[나의 당근]을 터치하고 ❷[비즈프로필 관리]를 선택합니다.

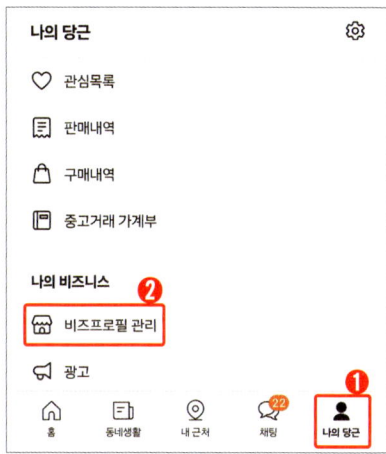

02_ [비즈프로필 만들기]를 터치하고 당근비즈니스 계정을 생성합니다.

03_ 업체 이름을 입력합니다. 업체 이름은 주로 가게명을 사용하지만, 반드시 가게명을 그대로 써야 하는 것은 아닙니다. 업체에서 주로 다루는 서비스가 두 가지 이상인 경우 이름을 추가해서 써도 좋습니다.

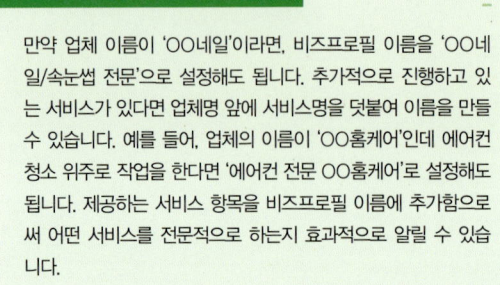

당근코치의 찐 노하우!

만약 업체 이름이 'OO네일'이라면, 비즈프로필 이름을 'OO네일/속눈썹 전문'으로 설정해도 됩니다. 추가적으로 진행하고 있는 서비스가 있다면 업체명 앞에 서비스명을 덧붙여 이름을 만들 수 있습니다. 예를 들어, 업체의 이름이 'OO홈케어'인데 에어컨 청소 위주로 작업을 한다면 '에어컨 전문 OO홈케어'로 설정해도 됩니다. 제공하는 서비스 항목을 비즈프로필 이름에 추가함으로써 어떤 서비스를 전문적으로 하는지 효과적으로 알릴 수 있습니다.

04_ 업체의 위치를 입력합니다. 가게의 주소를 입력하면 됩니다. 매장이 없는 경우 [매장이 없어요]를 선택하고 지역명을 등록합니다.

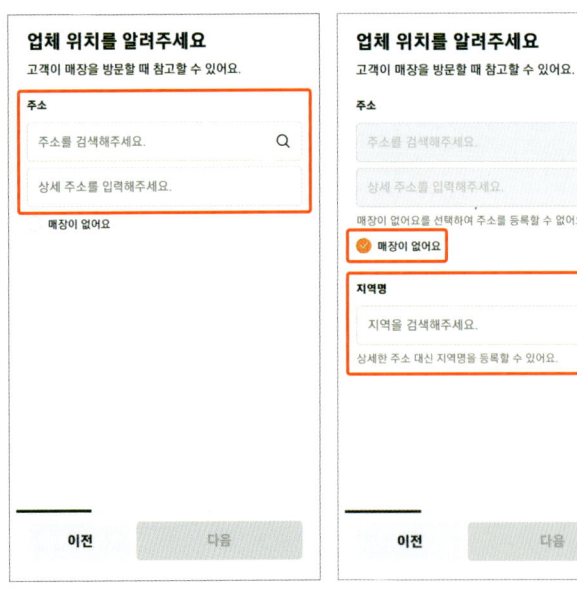

▲ 매장이 있는 경우   ▲ 매장이 없는 경우

05_ 업종을 설정합니다. 업종은 사업자등록증에 기재된 '종목'으로 검색하면 됩니다.

 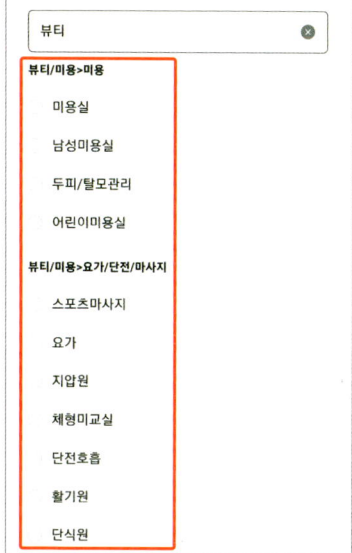

💡 당근코치의 찐 노하우!

등록된 업종은 비즈프로필 이름 옆에 노출됩니다. 업종을 잘못 선택하더라도 비즈프로필을 만든 후 한 번 변경할 수 있습니다. 이후부터는 한 달이 지나야 변경할 수 있습니다.

06_ 카메라 모양 아이콘을 터치해 업체 사진을 등록합니다. 사진은 10장까지 등록할 수 있으며, 등록한 사진은 비즈프로필 [홈] 탭에서 모아볼 수 있습니다.

💡 당근코치의 찐 노하우!

사진은 상품 또는 서비스를 가장 잘 나타낼 수 있는 사진을 써야 합니다. 네일 숍을 한다면 네일이 예쁘게 잘 나온 사진이나 가게 외관, 내부 사진을 쓸 수 있습니다. 베이커리 가게에서는 인기 많은 메뉴의 사진이나 가게의 인테리어 사진을 넣을 수 있습니다. 에어컨 청소 서비스를 한다면 직접 작업하고 있는 사진, 청소 전과 후의 비교 사진을 함께 사용하면 됩니다. 반드시 10장을 모두 등록해야 하는 것은 아니지만 우리 가게를 보다 잘 알리기 위해 최소 다섯 장 이상 등록하는 것을 추천합니다. 프로필 사진도 서비스를 잘 나타낼 수 있는 사진을 사용하거나 가게의 로고를 사용해도 좋습니다. 사진은 처음 등록한 후 언제든지 변경할 수 있습니다.

07_ 우리 가게의 특징과 강점을 잘 나타낼 수 있도록 업체 소개를 간단히 작성합니다.

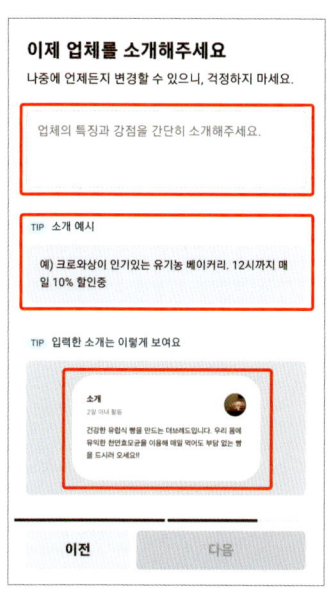

소개 문구는 길어질수록 눈에 안 들어옵니다. 내용이 길면 [더보기] 버튼이 나오면서 글이 잘립니다. 고객은 비즈프로필에서 [더보기]는 터치하지 않고 그냥 지나치는 경우가 많습니다. 따라서 글은 [더보기]가 나오지 않도록, 가게의 강점이 되는 부분과 현재 진행 중인 혜택을 간결하게 넣습니다. 아직 우리 가게를 잘 모르는 사람들이 처음 들어와서 잠깐 동안 둘러보는 곳인 만큼 핵심적인 내용만 작성하는 것이 좋습니다.

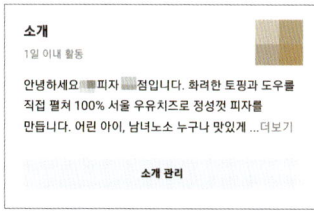   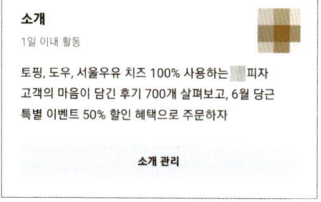

▲ 소개 문구가 길어지는 예   ▲ 소개 문구가 간결한 예

08_ 마지막으로 전화번호를 입력하고 [완료]를 터치하면 비즈프로필이 생성됩니다.

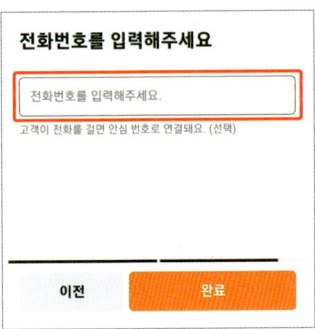

비즈프로필을 확인해보면 입력한 정보와 사진이 나옵니다. [홈] 탭에서 아래로 내려보면 [공지], [쿠폰], [가격] 등을 확인할 수 있습니다. [공지]에는 현재 진행 중인 이벤트, 신메뉴 소식, 휴무일 등 새롭게 공지할 내용을 작성합니다. [가격]에는 판매하는 서비스와 가격을 기재합니다. [쿠폰]은 당근에서 발행할 수 있는 쿠폰을 의미합니다. 쿠폰에 대해서는 챕터 3에서 자세히 알아보겠습니다.

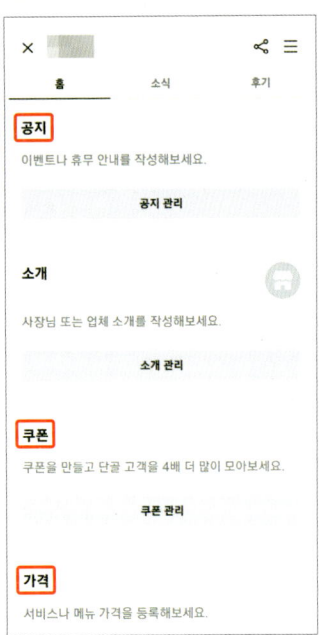

09_ 비즈프로필 우측 상단의 메뉴 ☰를 터치하면 비즈프로필을 전체적으로 관리할 수 있는 항목들이 나옵니다.

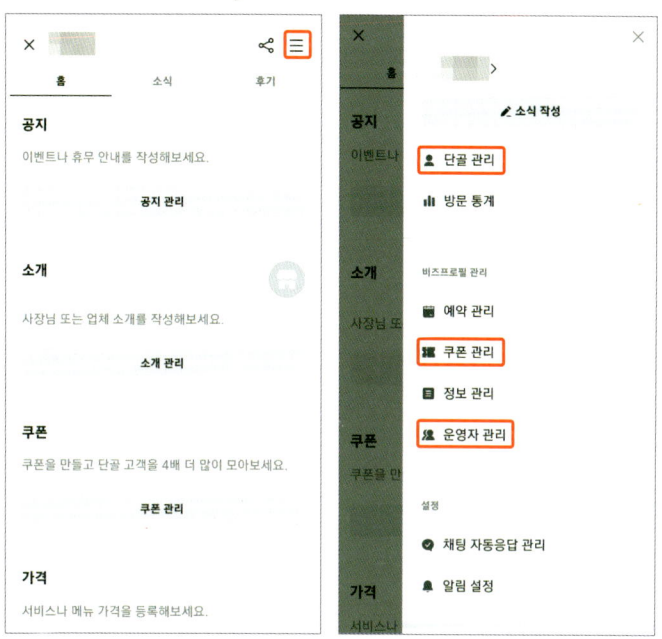

[단골 관리]에서는 단골과 관련된 데이터를 볼 수 있습니다. [쿠폰 관리]에서는 새 쿠폰을 만들고 현재 발급 중인 쿠폰을 확인하고 수정할 수 있습니다. [운영자 관리]에서는 비즈프로필 운영자를 추가할 수 있습니다. 직원이나 대행 업체에 운영을 맡길 때 운영자를 추가해서 함께 관리할 수 있습니다.

10_ [정보 관리]에서는 비즈프로필 내의 정보를 추가하거나 변경할 수 있습니다. [업체 정보]를 터치하면 [단골 혜택]이 나옵니다. 이 부분은 선택사항이긴 하지만 [홈] 상단에 노출되어 비즈프로필에 처음 들어온 고객이 바로 확인할 수 있기 때문에 필수로 작성하는 것을 추천합니다.

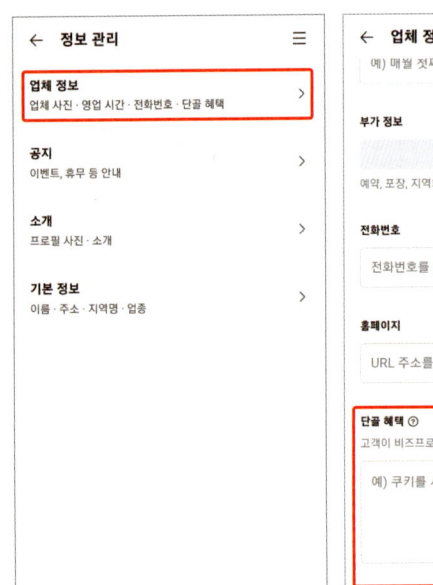

만약 '쿠키를 서비스로 드려요'라고 작성을 하면 다음과 같이 [단골 혜택] 표시와 함께 해당 텍스트가 비즈프로필 상단 첫 화면에 나옵니다.

비즈프로필 사진의 좋은 예 VS 나쁜 예

고객이 비즈프로필에 들어왔을 때 가장 먼저 볼 수 있는 부분은 사진입니다. 많은 것을 둘러보지 않아도 사진만으로 우리 가게가 어떤 곳인지 알 수 있다면 좋은 사진을 고른 것이라고 볼 수 있습니다. 다음의 예시를 통해 어떤 사진을 비즈프로필 사진으로 사용해야 할지 살펴보겠습니다.

▲ 나쁜 예시　　　　　　　　▲ 좋은 예시

나쁜 예시의 경우 어떤 서비스를 하는 곳인지 사진만 봐서는 명확히 알기가 어렵습니다. 사장님의 프로필 사진과 고객의 뒷모습을 찍은 사진이 나오는데, 사진만으로는 해당 가게가 어떤 서비스를 해주는 곳인지 파악하기가 어렵습니다.

반면, 좋은 예시는 사장님이 직접 회원을 지도해주는 모습과 필라테스 센터의 내부 사진을 볼 수 있습니다. 덕분에 처음 프로필을 방문한 고객은 '이곳은 재활 필라테스를 하는 곳이구나' 하고 쉽게 파악할 수 있습니다.

또 다른 좋은 예시입니다. 비즈프로필 첫 화면에 피아노와 아이들 사진이 나옵니다. 어떤 곳인지 굳이 말로 설명하지 않아도 아이들을 가르치는 피아노 학원이라는 것을 알 수 있습니다.

▲ 좋은 예시

아래 경우도 좋은 예시라 할 수 있습니다. 이곳은 사진을 딱 한 장만 사용했습니다. 렌탈 업체의 경우 여러 개의 사진을 개별로 사용하면 어떤 서비스를 하는 곳인지 파악하기가 어려울 수 있습니다. 따라서 한 장의 사진으로도 서비스를 잘 드러낼 수 있다면 여러 장보다 한 장의 사진만 사용하는 것을 추천합니다. 사진을 두 장 이상 사용하면 사진의 사이즈가 줄어들며 여러 장으로 모아보기가 됩니다. 그러나 사진을 한 장만 사용하면 해당 사진만 크게 노출됩니다.

▲ 좋은 예시

실습 | 10초면 끝! 광고계정 만들기   LESSON >

비즈프로필 계정은 이미 만들었는데 광고계정은 또 무엇일까요? 비즈프로필은 사람들에게 가게가 어떤 곳인지 정보를 제공하는 공간입니다. 하지만 비즈프로필은 우리가 직접 나서서 홍보를 하는 공간은 아닙니다. 비즈프로필이라는 공간을 알리기 위해서 필요한 것이 바로 광고계정입니다. 광고계정을 통해 비즈프로필을 알리기 위한 광고를 세팅하고 관리할 수 있습니다.

01_ 당근 화면의 최하단에서 ❶[나의 당근]을 터치하고 ❷[광고]를 선택합니다.

02_ 약관에 동의한 후 [광고 시작하기]를 터치합니다.

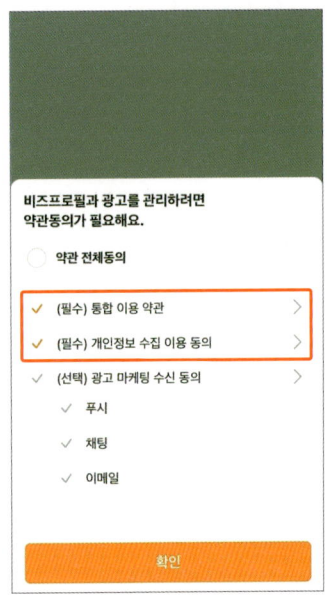

03_ 광고계정 이름을 작성하고 [광고계정 만들기]를 터치해 광고계정을 생성합니다.

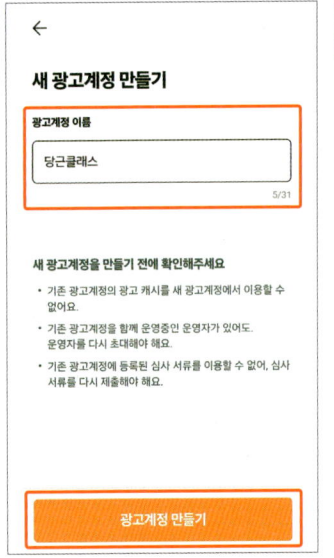

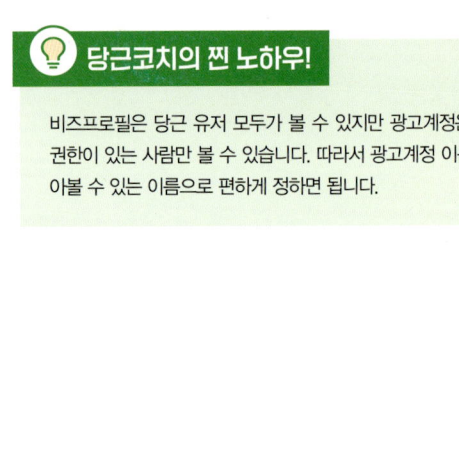

비즈프로필은 당근 유저 모두가 볼 수 있지만 광고계정은 광고의 운영 권한이 있는 사람만 볼 수 있습니다. 따라서 광고계정 이름은 자신이 알아볼 수 있는 이름으로 편하게 정하면 됩니다.

04_ 생성된 계정으로 광고를 하기 위해서 [캐시 **충전**]을 터치해 캐시를 충전해야 합니다. 자동충전을 하면 매달 5천 원의 추가 적립 캐시를 받을 수 있습니다. 지속적으로 광고를 할 예정이라면 [캐시 **자동충전**]을 선택하는 것이 좋습니다.

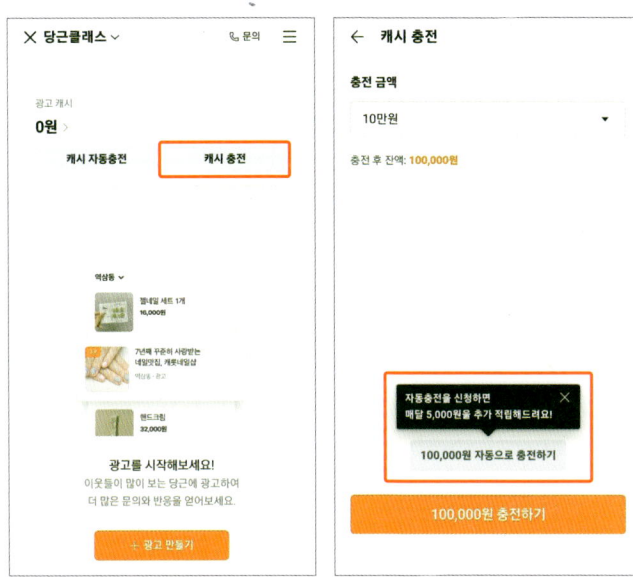

05_ 충전이 완료되었으면 세금계산서 발행까지 신청해보겠습니다. 광고계정 우측 상단 [문의] 옆 메뉴 ☰를 터치하고 [세금계산서]를 선택합니다.

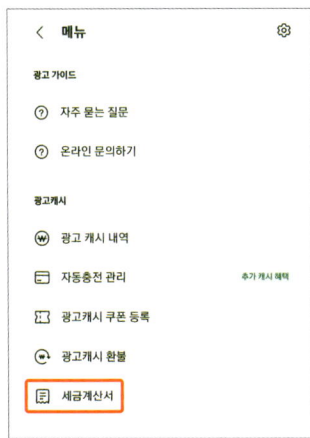

06_ [사업자등록번호]를 포함한 각 항목들을 입력합니다. 한 번만 등록해놓으면 입력한 사업자정보 앞으로 월간 유상캐시 사용액에 대한 세금계산서가 다음 달 10일까지 발행됩니다. 여기까지 모두 완료하였다면 다음 챕터로 넘어가 광고를 진행하기 위한 소식지를 만들어보겠습니다.

마케팅이 쉬워지는 당근 꿀팁!

매장 없이 일하고 있는데 어떤 사진을 써야 할까요?

매장이 없는 1인 사업자의 경우, 우선 작업 현장에서 서비스를 받기 전과 후의 사진을 모두 찍습니다. 인테리어 업종이라면 인테리어 작업 전후의 사진을 함께 넣을 수 있습니다. 에어컨 청소 업체라면 에어컨 청소 전후의 사진을 담으면 됩니다. 여기에서 더 나아가 현장에서 직접 서비스하는 모습까지 나온다면 더 큰 신뢰를 얻을 수 있습니다. 이때, 고객을 통해서 사진을 받을 수 있는 방법이 있습니다. 현장 할인 혜택을 제안하는 것입니다. 고객에게 "서비스를 제공하는 저의 사진이 포함된 후기를 작성해주시면 ○○원을 더 할인해드릴 수 있습니다." 하고 제안할 수 있습니다. 작업을 마친 뒤 고객이 찍은 사진을 정중히 요청해서 받을 수 있습니다.

CHAPTER 2.
소식지를 작성하는 네 가지 꿀팁

비즈프로필 광고를 하기 위해서 소식지를 작성해야 합니다. 막상 소식지를 쓰려고 하면 어떤 내용을 써야 할지 몰라서 고민이 될 수 있습니다. 글을 쓰기 전에 소식지를 통해 얻고자 하는 바를 먼저 정리해야 합니다. 필자가 팬데믹 당시에 진행했던 소식지의 목표는 '문의를 통한 스케줄 예약'이었습니다. 여기서 타깃을 명확하게 정의해야 합니다. 모두에게 문의를 받고 예약을 받을 수는 없습니다. 타깃을 '집 먼지 때문에 답답하거나 그로 인한 질환이 생기는 아이가 있는 3040 부모'로 잡았습니다. 이처럼 구체적으로 타깃을 설정해야 합니다. 다음 예시를 볼까요?

> **타깃 예시**
> - A 뷰티 숍
>   타깃 : 피부에 관심이 많은 여성
> - B 뷰티 숍
>   타깃 : 피부로 인해 답답함을 느끼며 여드름, 홍조, 건조함 등을 겪는 2030 여성

목표와 타깃을 분명하게 설정하지 않으면 잘못된 방향으로 소식을 작성하여 효과적

인 광고를 기대하기 어렵습니다. 앞의 A 뷰티 숍의 경우는 제대로 된 타깃이라 보기 어렵습니다. 모든 여성을 대상으로 글을 작성한다면 효과적으로 내용을 전달하기 어렵습니다. 반면 B 뷰티 숍은 타깃을 제대로 설정했다고 볼 수 있습니다. 피부에 관심 있는 모든 여성이 아닌 현재 답답함을 느끼는 사람들을 타깃으로 글을 작성하면 되기 때문입니다. 이처럼 타깃을 잡을 때는 세분화해서 구체적으로 잡을수록 좋습니다. 타깃을 명확하게 설정했다면 소식지를 작성하는 네 가지 꿀팁을 하나씩 알아보겠습니다.

이벤트는 어떻게 진행해야 할까?

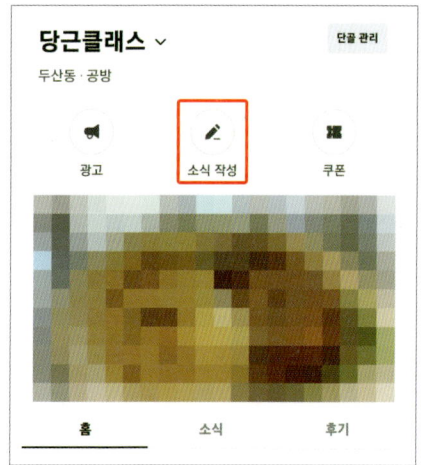

▲ 소식 작성

소식지를 작성하는 가장 큰 목적은 자신의 가게를 알리고 사람들이 제품 또는 서비스를 이용하도록 만들기 위함입니다. 그러나 만약 이벤트를 하지 않고 소식만 작성한다면 대부분은 정보만 확인하고 나가버릴 것입니다. 이벤트를 통해서 사람들에게 제공할 수 있는 이득을 제시해야 합니다. 그래서 문의가 오고 방문까지 연결되도록 만들어야 합니다. 현재 주변에서 쉽게 찾아볼 수 있는 이벤트의 예로는 '10% 할인 이벤트'가 있습니다. 아무런 이유 없이 할인 이벤트를 한다면 언제나 하는 이벤트라는 생각에 참여가 저조할 수 있습니다. 그러므로 이벤트를 할 때는 확실한 명분을 더해야 합니다.

> **우리 집 왜 이렇게 먼지가 많을까??**
> 기타 · 약 3년 전
> 🎁 대구시 8월 코로나 극복, 무료 홈케어서비스 이벤트 🎁

▲ 이벤트 명분

많은 경우 '○○ 이벤트'라고 작성하지만 정확하게 어느 달에 진행하는지도 넣어야 합니다. '6월 ○○ 이벤트'처럼 앞에 달만 추가해도 최근에 시작해서 현재 진행 중인 이벤트임을 알릴 수 있습니다. 가게의 상황에 맞게 명분을 더하여 이벤트를 만들어 봅시다.

- ○○ 가게 오픈 기념 ○○ 이벤트
- ○○ 가게 N주년 ○○ 이벤트
- ○○ 가게 추석 특별 ○○ 이벤트
- 판매 1만 건 달성 기념 ○○ 이벤트

혜택을 제공하는 방법

이벤트를 통한 혜택을 제공할 때는 반드시 기간 또는 수량을 한정해야 합니다. 이는 혜택을 제한함으로써 고객의 신속한 선택을 이끌어내기 위함입니다. 홈쇼핑이나 온라인에서 구매를 해본 적이 있다면 한 번쯤 '선착순 곧 마감'이라는 말을 보고 결제한 경험이 있을 것입니다.

> 본 이벤트는 홈케어가 꼭 필요하신 20분에게만 제공됩니다.
>
> 🎁 아파트.주택.빌라 무료 홈케어체험 🎁
> (신청후 통화까지 1~2일이 소요)

▲ 이벤트 수량 제한

사람들은 손실을 피하고 싶은 심리가 있습니다. 지금 당장 얻을 이득보다, 잃을 수 있는 손실에 대해 더 크게 생각하는 것입니다. 실제로 필자는 현장에서 영업을 할 때, 당일에만 줄 수 있는 혜택을 안내해서 즉각적인 결제로 이끄는 성과를 냈습니다. 만약 혜택을 언제든지 받을 수 있도록 안내했다면 아무도 현장에서 추가 결제를 하지 않았을 것입니다. 이벤트를 통해서 가게로 방문을 유도하기 위해서는 혜택을 언제든 사용할 수 있도록 하지 말고 기간이나 수량을 제한해야 합니다.

- 3월 한정 ○○한상 메뉴를 30% 할인된 가격으로 맛보실 수 있습니다.
- 오픈 기념 수, 목, 금 단 3일간! 커트 50% 할인 이벤트 진행합니다.
- 본 이벤트는 홈케어가 꼭 필요하신 20분에게만 무료로 제공됩니다.

고객의 고민을 담아라

마케팅에서 가장 중요한 게 있다면 고객의 필요와 문제를 인식하는 것입니다. 고객의 문제를 해결하거나 필요를 충족하는 데 초점을 두는 데서 마케팅이 시작됩니다. 문제는 곧 그들이 가진 고민이라고 할 수 있습니다. 따라서 소식지에 필수로 담겨야 할 것이 있다면 바로 고객의 고민입니다. 우리는 누군가와 대화를 할 때, 자신의 이야기를 잘 들어주는 사람에게 더 많은 이야기를 합니다. 마찬가지로 글을 읽더라도 '이거 내 이야기 같은데?'라는 생각이 들 때, 몰입해서 살펴봅니다.

사람들이 평소에 생각하고 고민하는 부분을 소식지에 담기만 해도 집중하게 만들 수 있습니다. 문제를 깊이 이해하는 데서 공감대가 형성되고, 나아가 해결을 위해 어떤 서비스를 제공하는지 관심을 가지고 살펴봅니다. 문제에 공감하고 해결하는 과정을 보여줌으로써 자연스럽게 우리 가게 소식에 몰입하도록 만들어야 합니다. 휴대폰 가게라면 '휴대폰 싸다고 해서 샀는데 또 당한 것 같아요', '살 때는 잘 산 것 같은데, 사고 나면 항상 후회해요'와 같은 고민을 작성할 수 있습니다. 다이어트 숍이라면 '내가 진짜 뺄 수 있을까?', '빨리 빼고 싶은데 마음처럼 쉽지가 않네요'와 같이 평소에 속으로 하는 이야기를 쓰면 됩니다.

> "부모님 생신인데, 어디서 가족모임을 하면 좋을까?😋"
> "신년맞이 몸보신하려는데 괜찮은 곳 있을까?🔥"
> "대구 주변에 단체모임할 만한데 없을까?🙆"

▲ 식당

> "너무 뻔한 데이트 질린다.. 좀 이색적인거 없나?😏"
> "요즘 영화가격 너무 올라서 가기 힘드네 😱"

▲ 영화관

식당과 영화관에는 딱히 '문제'라고 할 만한 것이 없다고 생각할 수 있습니다. 당장 큰 문제가 아니라도 평소에 고객이 떠올릴 만한 말을 작성해도 괜찮습니다.

해결을 위해 노력하는 과정 보여주기

어떤 업종이든 주변에서 쉽게 경쟁업체를 찾아볼 수 있습니다. 비슷한 가게가 많아서 차별화 포인트를 어필하기 쉽지 않습니다. 그래서 대부분의 업체들은 서비스 할인 소식을 작성하여 광고를 합니다. 여기서 차별화 포인트를 만들어낼 수 있습니다. 바로 문제를 해결하기 위해 노력하는 과정을 이야기하는 것입니다.

에어컨 청소를 전문으로 하고 있다면 고객이 모르는 청소의 과정을 사진과 함께 소식으로 담는 것입니다. 음식점을 운영한다면 어떤 마음으로 요리하고 준비하는지를 소식으로 보여줄 수 있습니다. '그런 과정이 중요한가?'라고 할 수 있지만 사람들은 생각보다 '과정'에 관심이 많습니다.

다음은 간식 만드는 과정을 공개한 유튜브 영상입니다. 조회수가 상당히 많이 나왔습니다. 사람들은 제품을 소비하는 데만 관심을 가지는 것이 아니라 만드는 과정에 대해서도 많은 궁금증을 가지고 있습니다. 아무도 보여주지 않아서 모르고 지나쳤을 뿐입니다. 해당 영상들의 댓글을 통해 사람들의 반응을 알 수 있습니다. 자신들이 몰랐던 수고와 정성을 알게 됨으로써 제품의 가치를 느끼게 될 뿐만 아니라 신뢰와 감동까지 더해집니다. 모두가 할인 정보만을 공개할 때, 어떤 마음가짐과 노력으로 서비스를 제공하는지 사진과 함께 이야기를 덧붙여보기 바랍니다.

▲ 간식 만드는 과정 영상   ▲ 댓글 반응

 **사진과 글을 혼합하여 소식지 작성하기** LESSON >

소식지를 작성할 때, 고객의 몰입도를 높이기 위해서는 반드시 사진도 함께 넣어야 합니다.

01_ 소식지의 구성을 [사진+글 혼합]으로 바꾸고자 한다면 당근 화면의 오른쪽 최하단 설정 을 터치합니다.

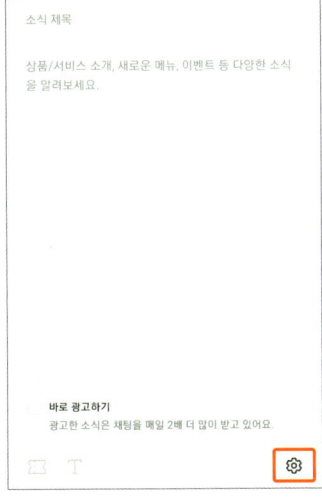

💡 당근코치의 찐 노하우!

소식지에 사진을 넣는 방식은 [사진 모아보기]와 [사진+글 혼합] 두 가지가 있습니다. [사진 모아보기]는 사진은 상단에 배치되고 글만 따로 나옵니다. [사진 모아보기]는 소식지 내용이 크게 없을 때는 써도 괜찮지만 분량이 많아지는 경우에는 좋은 방식이라 볼 수 없습니다. 소식지에 글만으로 채워져 있는 경우 가독성이 많이 떨어져 고객의 반응을 끌어내기가 어렵기 때문입니다.

[사진+글 혼합]은 사진과 글을 함께 넣을 수 있습니다. 순서에 상관없이 원하는 대로 사진과 글을 배치할 수 있습니다. 글만 채워져 있다면 몰입이 어려울 수 있겠지만 글과 사진을 같이 넣음으로써 분량에 상관없이 쉽게 몰입하도록 만들 수 있습니다. 그러므로 이벤트 소식을 작성할 때는 [사진+글 혼합] 방식을 추천합니다.

▲ 사진 모아보기　　▲ 사진+글 혼합

02_ [에디터 변경]을 선택합니다.

03_ '사진+글 혼합 에디터로 바꾸시겠어요?' 메시지가 나타나면 [변경]을 터치합니다.

마케팅이 쉬워지는 당근 꿀팁!

잘 작성한 소식지의 기준이 있을까요?

잘 작성한 소식지의 기준은 '고객의 마음을 움직일 수 있는가?'에 있습니다. 정성껏 글과 사진을 채운다 하더라도 보는 이의 마음을 움직일 수 없다면 잘 작성한 소식지라고 볼 수 없습니다. 사람들의 마음을 움직이기 위해서는 글을 통해서 '이곳은 정말 다른 곳이군!', '지금 당장 이 서비스를 이용해봐야겠어'라는 생각이 들게끔 만들어야 합니다. 이는 한 가지 부분만 제대로 작성해서 되는 것이 아니라 모든 요소가 잘 어우러져야 합니다. 소식지의 전체적인 내용을 통해서 차별화된 매력을 보여주고 신뢰를 줄 수 있도록 각각의 요소들을 잘 보완해보기 바랍니다.

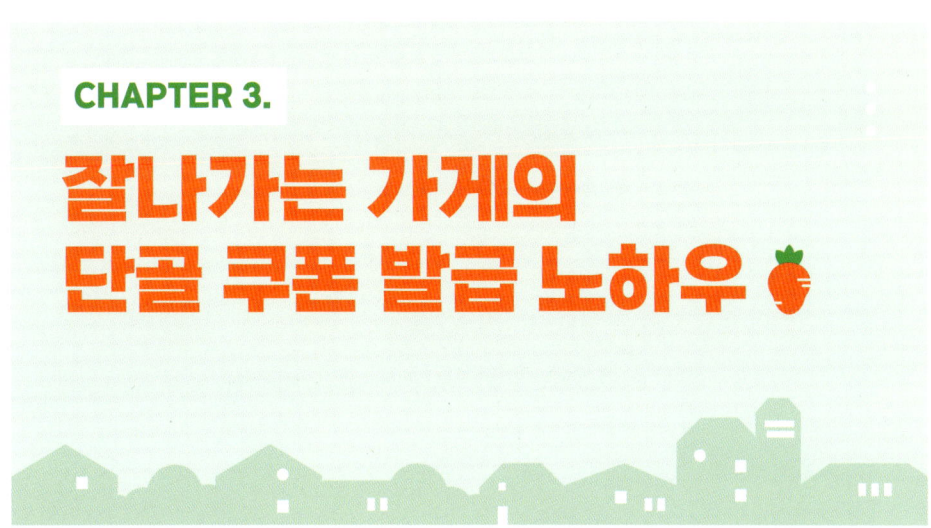

CHAPTER 3.
잘나가는 가게의 단골 쿠폰 발급 노하우

소식지를 작성했다면 쿠폰을 발급할 차례입니다. 당근비즈니스는 쿠폰 발급을 통해서 전략적으로 단골을 모을 수 있습니다. 쿠폰으로 단골을 적극적으로 모아야 하는 이유는 재구매를 통한 추가 매출의 기회를 얻을 수 있기 때문입니다. 비즈프로필에서 새로운 소식을 쓰면 그날 처음 쓴 소식이 단골의 [홈] 탭에 무료로 노출됩니다. 단골이 된 사람들은 한 번 소식을 보는 것에 그치지 않고, 이후에도 가게의 소식을

▲ 단골소식

중고거래 게시글에서 확인할 수 있습니다. 가게를 잘 모르는 고객에게는 광고를 해야만 노출이 되지만 단골인 고객에게는 소식을 작성하는 것만으로도 무료로 홍보할 수 있습니다. 게다가 한 번 서비스에 만족한 고객이 나중에 새로운 소식을 통해 다시 찾게 되면 또 다른 매출로 연결될 수 있습니다.

비즈프로필 [홈] 탭에 들어오면 프로필 옆에 [+단골 맺기]가 있습니다. 유저들이 [홈] 탭에 들어와서 [+단골 맺기]를 선택해야 단골이 됩니다. 하지만 유저가 아무런 이유 없이 단골 맺기를 하는 경우는 매우 드뭅니다. 그러므로 소식과 함께 쿠폰을 제공함으로써 전략적으로 단골을 모아야 합니다.

▲ 단골 맺기

특히 단골 전용 쿠폰을 만들면 보다 쉽게 단골을 확보할 수 있습니다. 유저들이 혜택을 받기 위해서 [쿠폰받기]를 터치하면 [단골 맺고 쿠폰 받기]가 나오고 자연스럽게 단골이 됩니다. 그럼 바로 단골 쿠폰을 만들어보겠습니다.

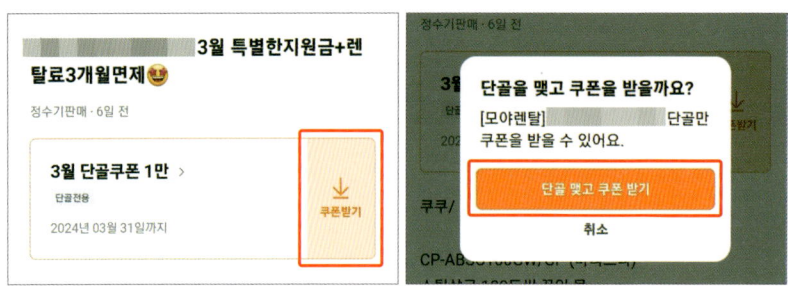
▲ 쿠폰받기   ▲ 단골 맺고 쿠폰 받기

 당장 가게로 불러들이는 쿠폰 발행 비법 LESSON >

01_ 당근 [홈] 탭에서 [쿠폰 관리]를 터치합니다.

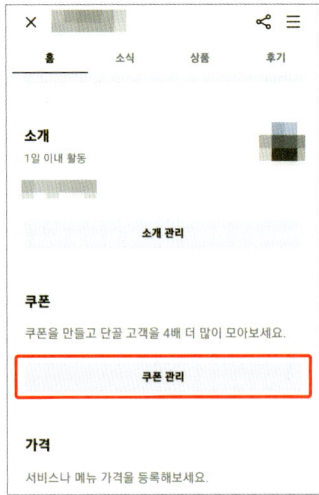

02_ [새 쿠폰 만들기]를 터치합니다.

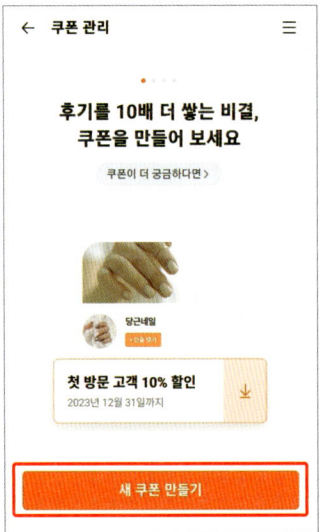

03_ 먼저 [혜택 선택]을 설정해야 합니다. [할인], [증정], [기타] 중 우리 가게에서 줄 수 있는 혜택에 맞는 것을 한 가지 정합니다. 예를 들어, 제공하는 품목을 '미니 우동 서비스'라고 작성하면 [쿠폰 이름]에 자동으로 '미니 우동 서비스 증정'이 입력됩니다. 실제 화면에 보이는 것은 [쿠폰 이름]입니다. 변경을 원한다면 수정할 수 있습니다.

04_ 쿠폰은 [단골 전용], [모든 고객] 두 가지가 있습니다. [모든 고객]으로 만들 경우 누구나 받을 수 있는 쿠폰이지만, 유저들이 다운로드해도 단골이 되지는 않습니다. 따라서 단골을 모으기 위해서는 반드시 [단골 전용]으로 만들어야 합니다.

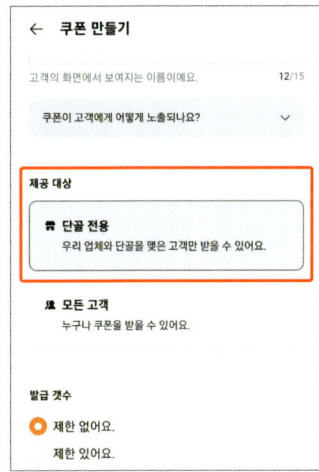

05_ [발급 갯수]를 [제한 있어요.]로 선택하고, [사용기한]을 설정합니다. 단골을 모으기 위해서 쿠폰 발급 개수와 기한은 확실하게 정해서 제한해야 합니다.

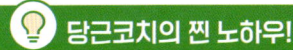

쿠폰을 발행할 때 많이 하는 실수 중 하나가 개수와 기한을 설정하지 않는 것입니다. 쿠폰 개수가 무제한이고 사용기한이 길면 쿠폰의 가치는 떨어집니다. 사람들은 손실 회피 심리가 있기 때문에 잃을 수 있는 가치를 더 크게 느낍니다. 쿠폰의 기간과 수량을 무한정으로 두면 쿠폰을 발급받지 않고 지나치게 될 수 있습니다.

06_ [사용 조건]은 선택 사항이지만 '본 쿠폰은 이벤트 기간에만 사용 가능하며, 수량 소진 시 조기 마감될 수 있습니다.'와 같은 문구를 작성하면 쿠폰의 가치를 더해주는 데 도움이 됩니다. 마지막으로 [쿠폰 만들기]를 터치합니다.

2주 만에 단골 2천 명 모은 쿠폰 노하우

쿠폰을 발행해본 사장님들이 이렇게 호소하기도 합니다. "쿠폰을 발행했는데 고객이 아무도 안 받아가요." "왜 단골이 빨리 안 늘어나는 거죠?"
단골 전용 쿠폰을 발행했음에도 다운로드하는 사람이 없다면, 사람들이 왜 쿠폰을 받지 않고 지나치는지 피드백을 해야 합니다. 쿠폰의 혜택이 도움이 된다면 받지 않을 이유가 없을 것입니다. 쿠폰을 받아가지 않는 이유는 유저가 혜택의 가치를 느끼지 못하기 때문입니다. 이제 막 오픈한 가게에서 '10% 할인' 쿠폰을 발행한다면, 처음 본 고객들은 10% 할인이 얼마나 가치가 있는지 쉽게 파악하기 어렵습니다. 그러므로 혜택을 제공할 때는 처음 보는 사람도 가치를 한 번에 이해할 수 있도록 만들어야 합니다.

누구나 가치를 느낄 만한 혜택을 제공한 결과, 2주 만에 약 2천 명의 단골을 확보한 사례도 있습니다. 바로 영화관입니다. 영화관에서 발행한 쿠폰은 '싱글콤보/러브콤

▲ 단기간에 단골 1,927명 증가

▲ 가치를 알 수 있는 혜택을 제공한 쿠폰

보'였습니다. 소식과 함께 쿠폰이 올라오자마자 소식을 보는 대부분의 사람이 쿠폰을 발급받았습니다. 쿠폰을 보자마자 다운로드한 이유는 혜택의 가치를 바로 느낄 수 있었기 때문입니다. 영화관을 가본 사람이라면 '콤보' 상품의 가치를 잘 모르는 사람은 없을 것입니다. 이처럼 쿠폰을 발급할 때, 한 번에 알기 어려운 혜택을 제공하기보다는 누구라도 쉽게 가치를 느낄 만한 쿠폰을 만들어야 합니다.

전략적으로 쿠폰을 발급하기 위해 가장 먼저 고민해야 할 부분은 혜택입니다. 우리 가게에서는 어떤 혜택을 제공할지 정리해보고 개수와 기한을 정하여 쿠폰을 만들어 봅시다.

CHAPTER 4.
초간단 당근비즈니스 광고 만들기

소식지 작성 및 쿠폰 발행까지 완료했다면 본격적으로 광고를 세팅해보겠습니다. 당근비즈니스에서 가장 쉽게 접할 수 있는 광고가 피드 광고입니다. 피드 광고는 당근의 중고거래 게시글 사이에 노출되는 광고입니다. 먼저 피드 광고부터 만들어보겠습니다.

▲ 중고거래 게시글에 노출되는 피드 광고

 **1분 만에 세팅하는 피드 광고 만들기** LESSON >

피드 광고는 단 1분 만에 세팅할 수 있을 정도로 간단합니다. 지금 당장 휴대폰을 들고 책을 보면서 만들어보기 바랍니다.

01_ 당근 화면의 최하단에서 ❶[나의 당근]을 터치하고 ❷[광고]를 선택합니다.

02_ [광고 만들기]를 터치합니다.

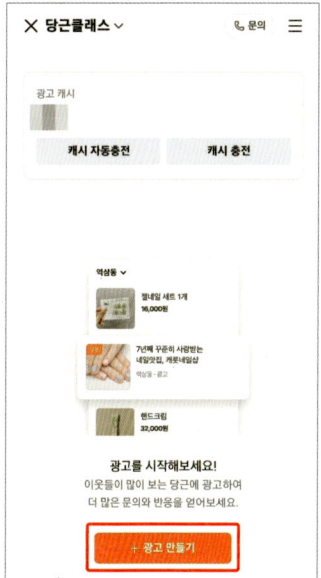

03_ [피드광고]를 터치합니다.

04_ 피드 광고는 [소식]과 [비즈프로필 홈] 두 가지를 노출할 수 있습니다. [소식]을 선택할 경우 고객이 노출된 광고를 터치하면 앞서 작성한 소식지로 이동합니다. [비즈프로필 홈]은 고객이 터치했을 시 비즈프로필 홈으로 연결됩니다. 효과적인 홍보를 위해서 [비즈프로필 홈]보다는 타깃을 위해 정성껏 작성한 [소식]을 선택합니다.

▲ 소식

▲ 비즈프로필 홈

05_ [광고에 내 지역 표시하기]를 선택하면 광고 시 가게의 위치가 함께 표시됩니다. [광고에 내 지역 표시하기]에 체크하지 않으면 위치가 표시되지 않고 비즈프로필 이름과 광고 문구만 나옵니다. 동네에만 광고하는 경우 [광고 내 지역 표시하기]에 체크해서 가게의 위치를 알릴 수 있습니다. 반면 지역에 상관없이 상품 또는 서비스 이용이 가능하다면 지역을 표시하지 않고 광고하는 것이 좋습니다.

▲ 광고 내 지역 표시하기

▲ 광고 내 지역 표시하지 않기

06_ 아래로 내려가면 광고 소재를 수정할 수 있습니다. 대표 사진과 광고 제목에 따라서 고객의 유입이 달라질 수 있습니다. [광고 소재 수정하기]를 통해서 사람들이 클릭할 만한 사진과 제목을 만들어야 합니다. 이 부분은 파트 4에서 상세히 살펴보겠습니다. 우선은 사진과 제목은 자신의 상품 또는 서비스를 잘 나타낼 수 있는 것으로 변경합니다.

07_ 다음으로 넘어가서 광고할 [지역]을 선택해야 합니다. [직접 선택]을 선택하면 원하는 동네만 검색해서 직접 광고할 범위를 정할 수 있습니다.

08_ [주변 범위]는 현재 등록된 가게의 위치를 기준으로 범위를 지정해서 광고를 하는 기능입니다. 고객이 충분히 올 수 있는 거리만큼 범위를 정한 다음 [완료]를 터치합니다.

09_ [지역]을 정했으면 [성별 및 연령] 설정으로 넘어갑니다.

10_ 해당 상품이나 서비스를 주로 이용하는 고객층을 타깃으로 설정합니다. 업종에 따라서 조금은 차이가 있을 수 있습니다. 예를 들어, 3040 여성들이 많이 이용할 것으로 예상된다면 다음과 같이 설정하고 [완료]를 터치합니다.

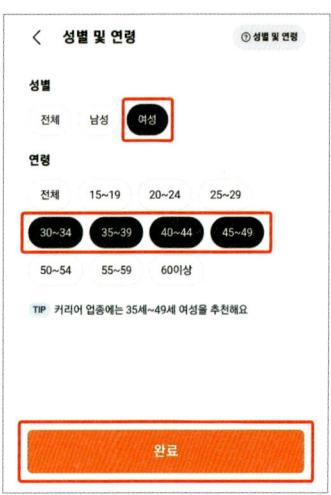

11_ 마지막으로 [예산]을 설정합니다. [일일 예산]은 하루 동안 지정한 금액만큼 차감됩니다. [총 예산]은 광고 기간 동안 지정한 예산을 나누어 비용이 사용됩니다. 처음 광고를 한다면 먼저 테스트를 해봐야 하므로 큰 금액을 정하지 않아도 됩니다. 테스트 비용은 1만 원 미만으로 자유롭게 설정합니다. [일정]에서 바로 광고를 진행하고자 한다면 [지금 시작]을 선택하고, 종료일은 원하는 만큼 자유롭게 지정합니다. [광고 만들기]를 터치합니다.

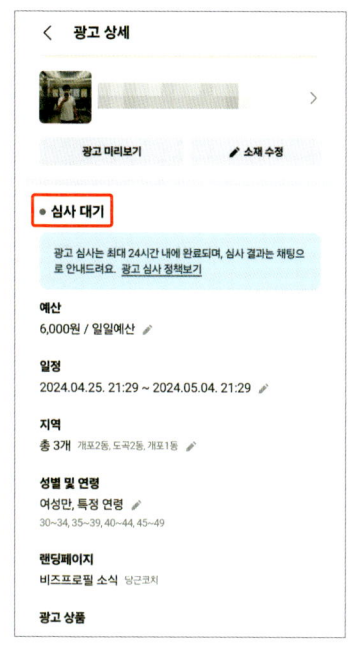

 **당근코치의 찐 노하우!**

광고를 만든다고 광고가 즉시 돌아가는 것은 아닙니다. 광고를 만들면 일단 [심사 대기] 상태로 표시되며 심사를 거쳐야 합니다. 심사는 최대 24시간 내에 완료됩니다. 한 번에 승인이 나기도 하지만 간혹 승인이 거절될 수 있습니다. 승인이 거절되는 경우 챕터 5를 참고해서 수정해보기 바랍니다.

 **1분 만에 세팅하는 검색 광고 만들기** LESSON >

01_ 당근 화면의 최하단에서 ❶[나의 당근]을 터치하고 ❷[광고]를 선택합니다. ❸[광고 만들기]를 선택하고 ❹[검색광고]를 터치합니다.

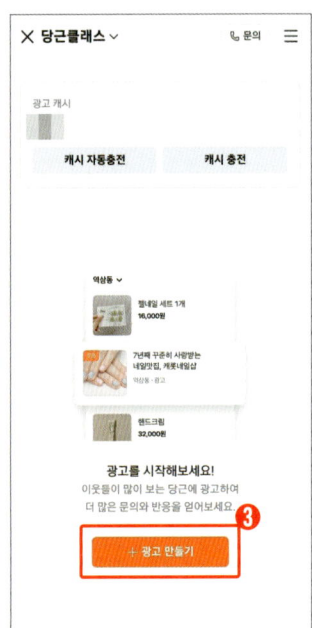

💡 당근코치의 찐 노하우!

검색 광고는 업체의 상품 또는 서비스와 관련된 검색량이 저조한 경우 노출이 많이 일어나지는 않지만, 검색한 사람들에게 노출될 경우 피드 광고보다 효율적입니다.

▲ '네일' 검색 시 노출되는 검색 광고

예를 들어, 같은 섬네일 사진과 제목으로 다음과 같이 두 가지 광고를 만들어봤습니다. 그 결과 검색 광고의 효율이 월등히 좋았습니다.

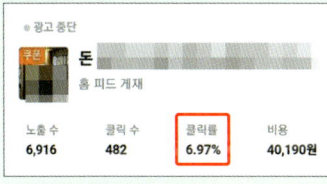

▲ 피드 광고 클릭률

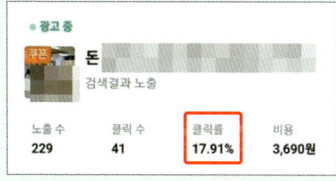

▲ 검색 광고 클릭률

02_ 검색 광고 세팅 화면에 들어오면 대표 사진, 제목, 소개 문구는 비즈프로필에 설정한 대로 표시됩니다. 그대로 써도 상관은 없지만 홍보 효과를 높이기 위해 사진과 제목, 소개 문구는 수정합니다. 피드 광고를 세팅했을 때와 마찬가지로 [광고 소재 수정하기]를 선택해 상품이나 서비스를 잘 나타낼 수 있는 사진과 제목으로 변경합니다.

03_ [광고 제목]은 이벤트 중인 사항 또는 검색어와 관련이 있는 내용으로 정합니다. [소개 문구]는 선택 사항이지만 검색 시 함께 노출되어 홍보에 도움을 줄 수 있으므로 꼭 작성해야 합니다. 업체의 강점이 되는 부분이나 이벤트 중인 내용 등을 입력합니다.

04_ 다음으로 키워드를 선택합니다. 추천 키워드 옆에 [충분]이라고 표시된 것은 자주 검색되는 키워드로, 많은 광고 노출을 기대할 수 있음을 의미합니다. 추천 키워드 중 [충분]에 해당하고 업체와 관련성이 높은 키워드를 모두 선택합니다.

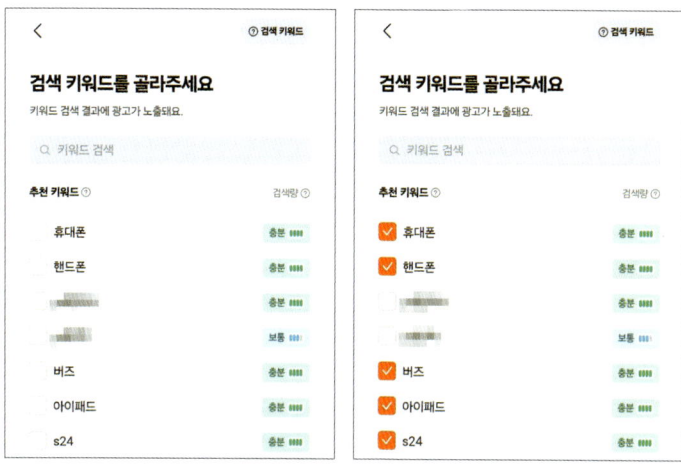

💡 당근코치의 찐 노하우!

다른 플랫폼에서 키워드를 쓰듯이 '삼성동 휴대폰'으로 키워드를 넣을 필요는 없습니다. 왜냐하면 당근에서는 누구도 '삼성동 휴대폰'이라고 검색하지 않기 때문입니다. '휴대폰' 또는 '갤럭시', '아이폰'과 같이 중고거래 시 사람들이 검색할 만한 키워드를 입력하는 것이 좋습니다.

05_ 추천 키워드 외에도 관련 키워드를 찾을 수 있는 한 가지 팁이 있습니다. 중고거래 게시글 검색창에 업종과 관련된 키워드 한 개만 입력해봅니다. '휴대폰'을 입력하면 다음과 같이 연관 키워드가 나열됩니다. 그중 검색량이 [충분]에 해당되며 관련성이 높은 키워드만 추가합니다.

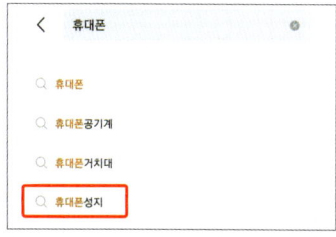
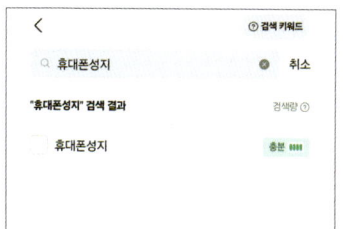

06_ [지역] 설정 방법은 피드 광고에서 진행했던 것과 동일합니다. [직접 선택]으로 설정하면 지역에 제한 없이 진행할 수 있습니다. [주변 범위]를 지정하면 지역의 범위를 크게 넓히기는 어렵습니다. 넓은 범위의 광고를 진행하고 싶다면 [직접 선택]을 설정해 지역을 하나씩 추가합니다. 예를 들어, 서울 전체를 하고 싶으면, '서울'을 검색하여 '서울특별시'를 한 번에 추가할 수 있습니다. 상품 또는 서비스를 전국적으로 제공할 수 있다면 '경기도', '강원도', '제주도' 등 각 지역명을 검색해서 전부 선택할 수 있습니다.

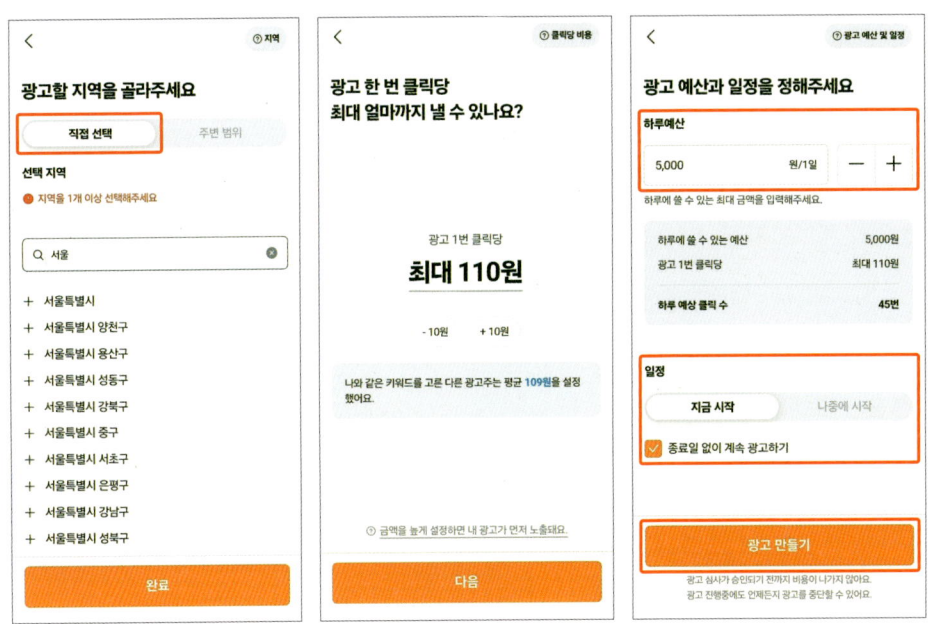

검색 광고의 경우 [예산]과 [일정]을 설정하기 전에 먼저 클릭당 비용을 설정해야 합니다. 검색 광고는 클릭당 비용 금액에 따라서 노출되는 위치가 바뀔 수 있습니다. 즉, 클릭당 비용을 가장 높게 설정한 가게를 상단에 노출시켜줍니다. 검색 광고의 키워드는 클릭당 비용이 높은 광고 두 개까지만 노출시켜주므로, 설정 시 당근에서 알려주는 키워드 평균 금액과 비슷한 금액이나 조금 더 높은 금액을 설정합니다.

[예산]에는 하루에 쓸 수 있는 금액을 입력합니다. 다만 검색 광고의 경우, 예산을 높게 설정해도 금액이 빠르게 소진되지는 않습니다. 예를 들어, 5천 원으로 설정해도 1천 원도 소진되지 않을 수 있습니다. 검색 광고는 클릭당 비용 순위에 따라 노출되며 각 키워드별로 검색량이 한정되어 있기 때문입니다.

[일정]은 [종료일 없이 계속 광고하기]를 선택하여 [광고 만들기]를 터치합니다. 검색 광고 역시 24시간 이내에 심사가 진행된 후 광고가 노출됩니다. 여기까지 잘 따라왔다면 당근비즈니스의 피드 광고와 검색 광고는 모두 배운 것입니다. 몇 번만 진행해보면 혼자서도 충분히 세팅할 수 있을 것입니다.

마케팅이 쉬워지는 당근 꿀팁!

광고 예산은 한 달에 얼마 정도가 좋을까요?

한 달 예산의 기준이 따로 나와 있는 것은 아닙니다. 업종에 따라 월 10만 원~50만 원 사이에서 예산을 쓰기도 하며 많게는 100만 원 이상부터 1천만 원이 넘어가는 경우도 있습니다. 중요한 건 광고비 지출 후 성과로의 연결입니다. 마케팅을 할 때 반드시 알아야 할 것이 '광고 로아스(ROAS, Return On Ad Spend)'입니다. 광고 로아스는 광고에 투자한 비용 대비 얻은 수익을 말합니다. 광고비 10만 원을 지출했는데 수익 5만 원이 발생했다면, 로아스가 나쁘기 때문에 광고를 이어나가면 안 됩니다. 피드백하고 보완한 후에 다시 광고 테스트를 진행해야 합니다. 반면 광고비 10만 원 지출 후 수익으로 50만 원이 나왔다면, 로아스가 좋기 때문에 광고비 지출을 더 늘려 공격적으로 광고를 할 수 있습니다. 이처럼 광고 예산은 로아스에 따라서 줄일 수도 있으며 늘려갈 수도 있습니다.

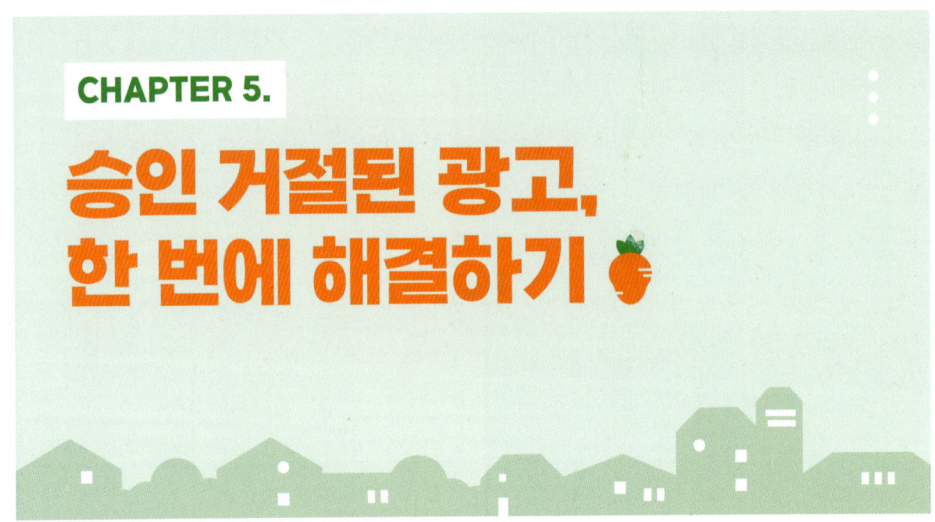

CHAPTER 5.
승인 거절된 광고, 한 번에 해결하기

광고를 돌리다 보면 다양한 사유로 승인이 거절될 수 있습니다. 승인이 거절되는 이유는 당근비즈니스에 심사 기준이 있기 때문입니다. 그러나 승인 거절되어도 크게 걱정하지 않아도 됩니다. 지금까지 필자가 다양한 광고를 진행해본 결과, 심사 기준에 맞춰 수정하는 것은 어렵지 않기 때문입니다. 게다가 당근에서는 어떤 점 때문에 승인 거절되었는지 친절하게 알려줍니다.

▲ 광고 거절 메시지

승인 거절 사유 확인하기

승인이 거절되면 먼저 당근 채팅으로 오는 메시지를 확인합니다. 아래 예시는 과장성 표현이 포함된 광고로 관련된 문구(1위/최우수/최상위/최저가/최고/유일/최대/최초/No.1/100%)가 원인입니다.
[광고 상세보기]를 터치해 기준에 어긋난 문구가 사용된 것을 확인해봅니다. 해당되는 문구를 삭제한 뒤 다시 심사를 거쳐 승인을 받을 수 있습니다.

▲ 과장성 표현이 포함된 광고   ▲ '최대, 최초'가 포함된 광고

승인 거절의 사유는 다양하기 때문에 수정을 했는데도 여전히 거절되는 경우라면, [광고 미리보기] 아래의 [광고 심사 정책보기]를 통해 광고 심사 기준을 확인해봐야 합니다.

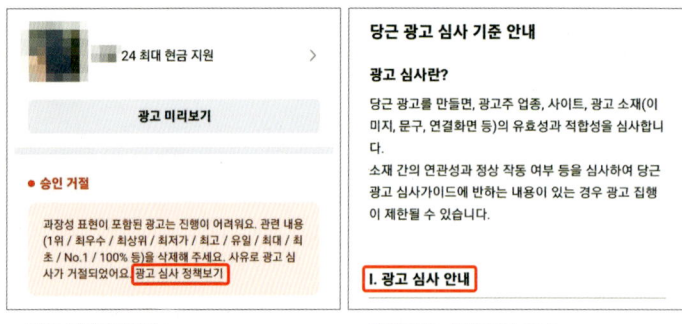

▲ 광고 심사 정책보기　　　　▲ 당근 광고 심사 기준 안내

[1. 광고 심사 안내]부터 천천히 읽어 내려갑니다. 아래의 [3. 공통 제한 사항]이 나옵니다. 이 부분을 자세히 확인해보면 다양한 사유로 광고가 제한됨을 알 수 있습니다. 조금 더 내려가면 [4. 광고 불가 업종]이 있는데 포함되는 업종은 광고 자체가 불가합니다. 지속적으로 승인이 거절되고 있다면 3번과 4번 사항에 해당되는 부분은 없는지 살펴봅니다.

▲ 공통 제한 사항　　　　▲ 광고 불가 업종

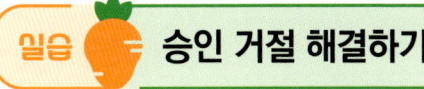 승인 거절 해결하기 LESSON >

앞에서 해당되는 사항을 수정했는데도 광고가 거절된다면 업종별 세부 가이드를 확인해야 합니다.

01_ 먼저 광고 화면에서 오른쪽 상단 메뉴 ☰ 를 터치합니다.

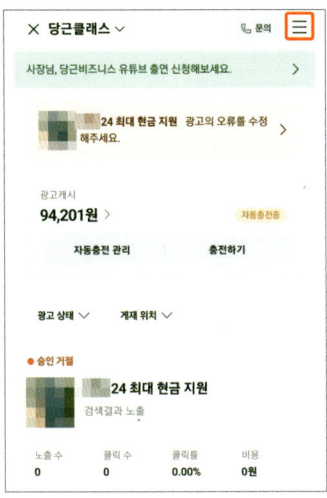

02_ [자주 묻는 질문] - [심사 기준] - [업종별 세부 가이드]를 선택합니다.

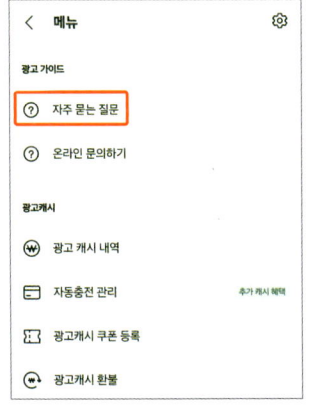  

03_ 자신의 업종에 해당되는 부분을 선택해서 확인합니다.

04_ 여기까지 모두 진행해도 여전히 광고가 승인되지 않는다면 마지막 방법으로 [나의 당근] - [광고]를 터치합니다.

05_ 오른쪽 상단의 [문의]를 터치하면 [당근 광고주 고객센터]로 연결됩니다. 아무리 해봐도 잘 모르겠다면 고객센터에 문의해서 구체적으로 어떤 점 때문에 심사가 거절되었는지 확인한 이후에 수정하고 보완합니다.

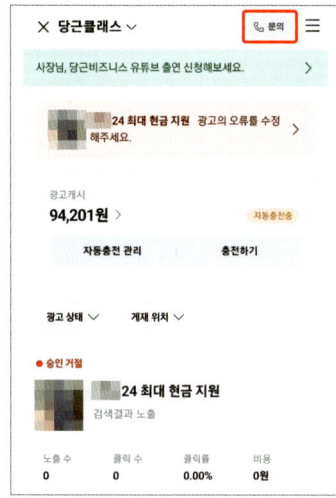

PART 4.
고객의 마음을 사로잡는 실전 노하우

고객의 마음이 어떻게 움직이는지 알지 못한다면 결코 모객을 할 수 없습니다. 가게를 지나치려 했던 사람이 멈춰 서서 가게 안으로 들어가는 것은 우연이 아닙니다. 고객이 쉽게 찾아올 수 있도록 모든 프로세스가 구체적으로 설계되어 있기 때문입니다. 고객의 마음을 사로잡기 위해 어떤 단계가 있는지 배우고 실전에 적용해봅시다.

CHAPTER 1.
카피 하나로 광고비를 두 배 이상 아낀다

심사에서 승인이 나면 광고가 사람들에게 노출됩니다. 모든 세팅은 끝났지만 진짜 마케팅은 이제부터 시작입니다. 광고 효율과 성과를 지켜보며 계속해서 피드백하고 수정해야 합니다. 광고 효율이란 동일한 지출 금액으로 얼마나 효과적으로 목표에 달성했는지를 의미합니다. 효율을 알아보기 위해서 광고 결과가 어떻게 나왔는지 살펴보겠습니다.

[나의 당근] – [광고]로 들어가면 [진행 중인 광고]가 얼마나 노출이 되었는지, 얼만큼 클릭이 일어났는지, 클릭률과 지출된 금액이 얼마인지를 확인할 수 있습니다. 더 상세히 보기 위해서 [진행 중인 광고]를 한 번 더 터치하면 광고 결과가 나옵니다. 광고를 통해서 채팅과 전화 문의는 몇 건이 왔는지, 단골과 쿠폰 다운로드가 몇 회 발생했는지 확인할 수 있습니다. 먼저 광고 효율을 확인하기 위해서 중요하게 봐야 할 것은 클릭률에 따른 클릭당 비용이라 할 수 있습니다.

클릭률이란 광고 노출 수 대비 클릭한 비율입니다. 클릭률이 높다는 것은 노출된 광고가 많은 사람들의 관심을 끌어 비교적 클릭이 많이 일어났다는 뜻입니다. 클릭당 비용은 사람들이 클릭할 때마다 발생하는 금액을 말합니다.

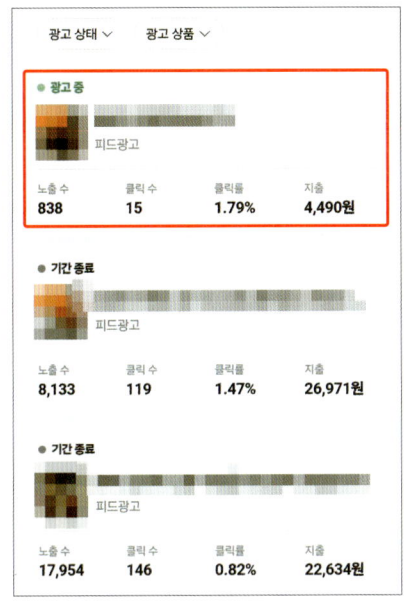

▲ 진행 중인 광고   ▲ 광고 결과

광고비가 많이 나오는 이유

광고를 하다 보면 예산이 금방 소진되어 광고비가 많이 나간다고 느껴질 수 있습니다. 당근비즈니스를 이용하는 분들 중에서도 광고비가 비싸다고 생각하여 그만두는 경우도 종종 있습니다. 반대로 다른 플랫폼에 비해 저렴하다는 이유로 계속 이용하는 분들도 있습니다. 같은 서비스를 이용하면서 누군가는 비싸다고 하고 누군가는 저렴하다고 말합니다. 양측 모두의 말에 틀린 것은 없습니다. 당근비즈니스는 어떻게 광고를 하느냐에 따라서 광고비가 달라질 수 있기 때문입니다.

광고를 돌렸는데 생각보다 광고비가 많이 나온다면, 그 이유는 클릭당 비용이 많이 나오기 때문입니다. 다음 A와 B 광고의 클릭률은 각각 0.9%, 1.8%입니다. 클릭당 비용은 A가 275원 B는 177원입니다. 약 100원 가까이 차이가 나는 셈입니다.

▲ A 광고   ▲ B 광고

두 광고를 100만 원씩 돌린다고 가정했을 때, A 광고는 약 3,626회의 클릭이 발생하지만 B 광고는 약 5,649회의 클릭이 발생합니다. 같은 광고이지만 클릭 수가 약 2천 회 차이납니다. A 광고가 B 광고처럼 5,649회의 클릭을 발생시키려면 약 155만 원을 지출해야 합니다. 반대로 B 광고는 A 광고처럼 3,626회의 클릭이 발생한다고 가정했을 때 약 64만 원밖에 나오지 않습니다. 즉, 클릭률에 따른 클릭당 비용이 어떻게 나오느냐에 따라서 광고비가 많이 나올 수도 있고 적게 나올 수도 있습니다.

A 광고	A 광고	B 광고
클릭률	0.9%	1.8%
클릭당 비용	275원	177원
100만 원 사용 시 클릭 수	3,626회	5,649회
5,649회 클릭 시 발생 비용	155만 원	100만 원
3,626회 클릭 시 발생 비용	100만 원	64만 원

▲ 클릭당 비용에 따른 광고 효율 비교

광고 효율을 높이기 위해서는 클릭률을 올려 클릭당 비용을 낮춰야 합니다. 클릭률이 낮다는 말은 노출된 수에 비해서 사람들이 많이 클릭하지 않은 것을 의미합니다. 클릭률을 올리려면 보는 이들의 관심을 끌 수 있는 광고를 만들어야 합니다. 또 광고를 한 개만 만들기보다는 최소 세 개 이상의 다양한 제목으로 광고를 만들어 테스트해야 합니다. 그 과정에서 클릭률이 낮고 클릭당 비용이 높은 광고는 중단하고, 클릭률이 높고 클릭당 비용이 낮은 광고는 계속 유지합니다.

마케팅이 쉬워지는 당근 꿀팁!

클릭률만 높으면 광고가 잘된다고 볼 수 있을까요?

클릭률이 높다고 무조건 광고가 잘된다고 볼 수는 없습니다. 아무리 많은 사람들이 클릭을 해서 광고를 본다고 해도, 문의가 오지 않거나 방문으로 이어지지 않으면 의미가 없습니다. 많은 고객들의 관심을 불러일으켜 광고를 클릭하게 만들었다면 이후에는 소식지를 통해서 그들의 마음이 움직일 수 있도록 만들어야 합니다. 효율이 좋은 데다가 성과로 이어지는 광고가 잘되는 광고라 볼 수 있습니다.

광고비 지출 두 배 이상 아끼는 방법

광고를 여러 개 만들어서 테스트해보았어도 여전히 클릭률이 잘 오르지 않을 수 있습니다. 그렇다면 광고를 바꾸기 전에 사람들이 왜 클릭을 하지 않는지를 먼저 생각해봐야 합니다. 일반적으로 다음과 같은 제목의 광고가 올라옵니다. 해당 광고의 클릭률은 0.3%이며, 클릭당 비용은 593원입니다. 이 광고를 사람들이 클릭하지 않은 이유는 궁금하지 않았기 때문입니다.

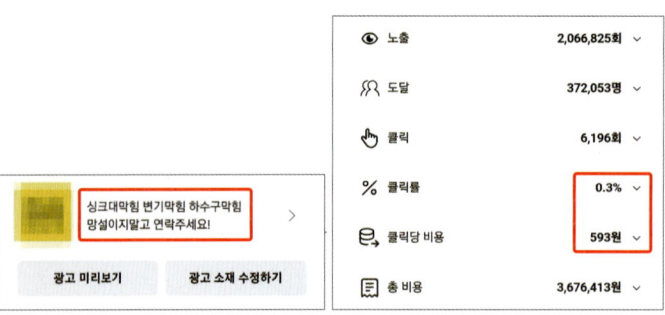

▲ 일반적인 광고 제목   ▲ 광고 결과

광고 제목을 만들 때는 자신이 전하고자 하는 메시지가 아닌, 노출된 광고를 보는 사람들의 궁금증을 자극할 수 있는 내용으로 만들어야 합니다. 사람들은 뻔한 제목을 보면 광고임을 인지하고 그냥 지나칩니다. 반면 궁금증을 자극하면 자신도 모르게 멈추어 클릭하게 됩니다. 유튜브 영상을 보다가 무의식적으로 새로운 영상을 클릭해서 본 적이 있을 것입니다. 그렇다면 아마 영상의 섬네일이 여러분의 호기심을 자극했을 확률이 높습니다.

다음 사례처럼 궁금증을 자극하는 제목으로 바꾸었더니 이전보다 클릭률이 올랐습니다. 딱 한 문장 바꿨을 뿐인데 클릭률이 약 여섯 배 올랐으며 클릭당 비용은 500원에서 200원대로 줄었습니다. 이처럼 카피 하나만 잘 써도 광고비 두 배 이상은 아낄 수 있습니다. 광고 효율을 높이기 위해서는 사람들이 궁금해서 눌러볼 수밖에 없도록 센스있는 제목을 만들어야 합니다.

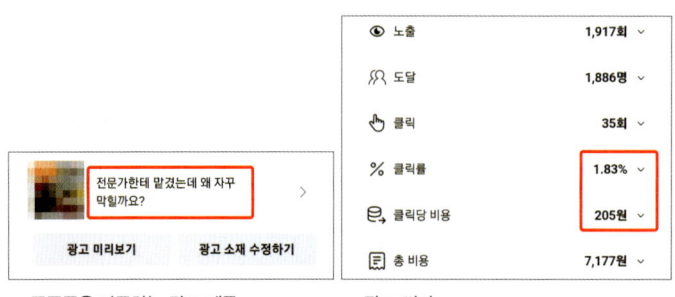

▲ 궁금증을 자극하는 광고 제목   ▲ 광고 결과

예산을 3분의 1로 줄이는 시간대 전략

클릭률을 올리지 않고도 광고비 예산을 3분의 1로 줄이는 방법이 있습니다. 바로 타깃 고객이 활동하는 시간 위주로만 광고를 돌리는 것입니다. 예를 들어, 어린 아이를 둔 엄마이자 주부를 타깃으로 정한다면 아이들이 어린이집을 간 이후의 시간에만 광고를 돌립니다. 직장인이 타깃이라면 퇴근 후의 시간 위주로만 광고를 진행할 수 있습니다. 새벽에는 비교적 효율이 많이 떨어질 수 있으므로 광고를 중단하는 것이 좋습니다.

2020년에 필자가 광고할 당시에는 매시간 확인해서 광고를 중단하고 다시 시작하기를 반복했습니다. 하지만 지금은 그런 번거로운 수고를 하지 않아도 됩니다. 당근비즈니스에 상세 일정을 설정하는 기능이 생겼기 때문입니다. 상세 일정을 설정함으로써 원하는 시간에만 광고할 수 있습니다.

▲ 문의 시간대 확인

상세 일정을 설정하기 전에 하루이틀 정도는 테스트해본 후 진행하는 것이 좋습니다. 문의가 오는 시간대와 오지 않는 시간대를 알아야 상세 일정을 제대로 설정할 수 있습니다. 예를 들어, 마사지 업체에서 광고를 돌린 결과, 주로 오후 5시 이후에 문의가 왔고, 오후 11시가 넘어서는 문의가 거의 오지 않았다면 오후 5시~11시에만 광고를 돌려 예산을 아낄 수 있습니다.

 광고 상세 일정 설정하기 LESSON >

광고 시간대를 설정해보겠습니다.

01_ 진행 중인 광고를 선택합니다.

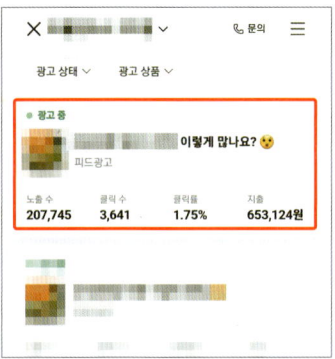

02_ [일정]의 편집 ✏️ 을 터치하고 [상세 일정 설정하기]를 선택합니다.

 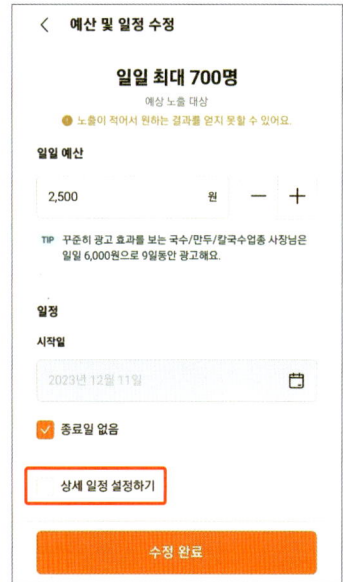

03_ [매일 같은 시간] - [전체 시간]을 선택해 원하는 광고 시간을 설정합니다.

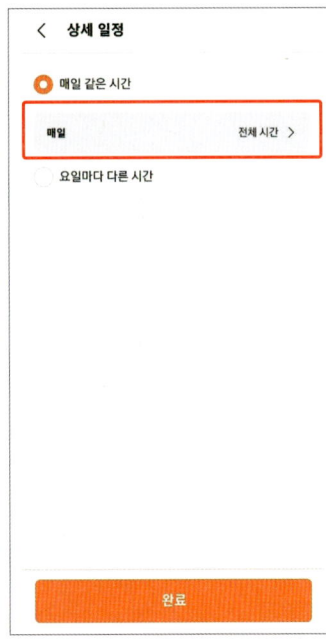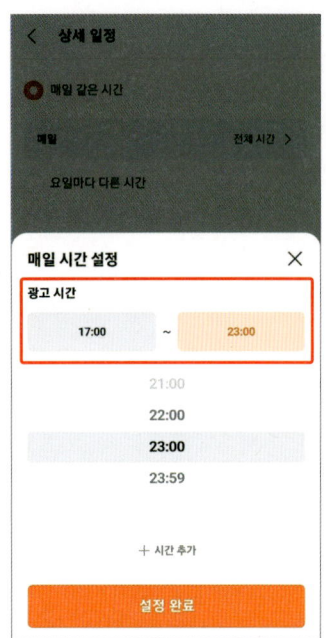

앞서 설명한 마사지 업체의 경우 오후 5시부터 11시까지로 설정할 수 있습니다. 설정을 완료하면 지정한 시간에만 광고가 진행되고 제외된 시간에는 광고가 돌아가지 않습니다. 그만큼 예산을 효율적으로 사용할 수 있습니다.

마케팅이 쉬워지는 당근 꿀팁!

광고를 여러 개 만들면 테스트 비용 지출이 커지지 않나요?

여러 개의 광고를 만들기 때문에 비용이 커질 것이라고 생각할 수 있습니다. 하지만 광고 테스트를 할 때는 최저 비용으로 세팅을 해야 합니다. 각 광고별 예산을 3~5천 원 정도로 설정합니다. 하루에서 이틀 정도 테스트해보고, 클릭률이 낮은 광고는 중단하고 효율이 높은 광고만 생각했던 예산대로 광고를 진행합니다.

CHAPTER 2.
클릭할 수밖에 없는 광고 만들기

고객이 우리의 광고를 보지 않는 이유

여러 개의 광고를 세팅했음에도 클릭률에 진전이 없다면 두 가지를 살펴봐야 합니다. 첫 번째는 사진입니다. 광고에서 사진은 우리 가게가 홍보하고자 하는 서비스를 고객이 쉽게 떠올릴 수 있도록 만들어줍니다. 많은 광고가 서비스를 나타내기보다는 '이거 광고예요!'라며 한 번만 봐달라는 듯한 이미지를 사용합니다. 가장 흔한 예로 카드뉴스처럼 꾸며서 만든 이미지를 사용한 광고가 있습니다. 이는 대놓고 광고임을 알리는 이미지이기에 클릭률이 잘 나올 수 없습니다. 당근에서는 예쁘게 디자인해서 만든 사진보다 일상에서 찍은 사람 냄새 나는 사진이 보는 이들의 흥미를 끌어내기

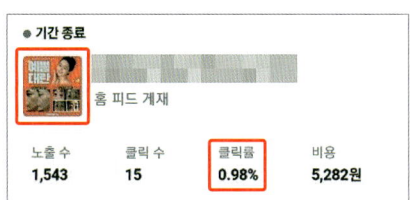

▲ 카드뉴스 사진

에 더 좋습니다.

두 번째로는 제목입니다. 앞서 궁금증을 자극해야 한다고 이야기했습니다. 이를 적용하여 제목을 만들 수 있다면 좋겠지만, 막상 제목을 지으려 하면 어떻게 써야 할지 떠오르지 않을 수 있습니다. 또 어렵게 생각해서 제목을 만들었는데 클릭률이 나오지 않을 수도 있을 것입니다. 클릭률이 나오지 않는다면 여전히 사람들의 관심을 불러일으키는 제목을 만들지 못한 것이라고 볼 수 있습니다. 정말 다행인 점은 당근 광고의 제목은 30자 내로 한 문장 정도면 충분하기에 누구나 연습해서 만들 수 있다는 것입니다.

다음은 재활 필라테스 광고의 예시입니다. 사진과 제목을 수정한 후 클릭률이 확연히 달라졌습니다. 1%대의 클릭률이 3%대에서 많게는 6%대까지 올랐습니다. 1%대의 클릭률이 나오는 제목은 사람들의 호기심을 자극하지 못합니다. 사진 역시 서비스를

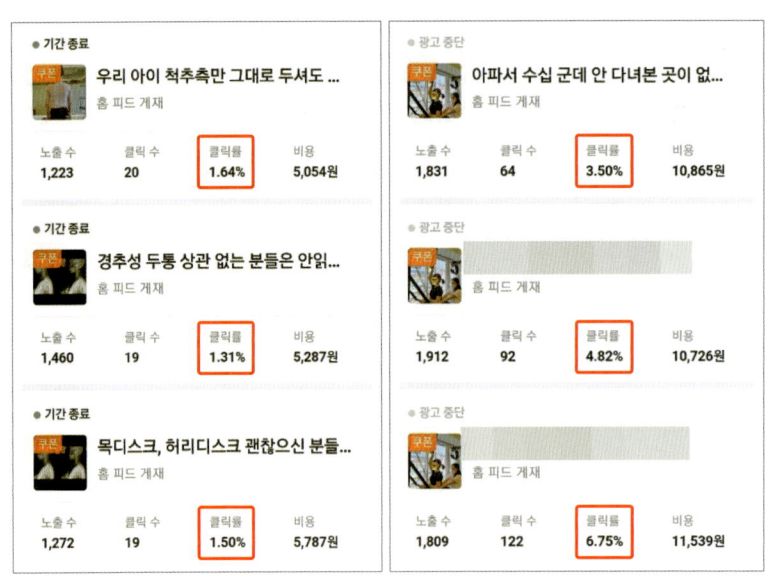

▲ 궁금증을 자극하지 못하는 제목   ▲ 궁금증을 자극하는 제목

잘 나타내지 못하며 본래의 취지와 다르게 병원 광고처럼 보이도록 만들었습니다. 반면 3%대 클릭률의 광고를 보면 '아파서 수십 군데 안 다녀본 곳이 없었어요'와 같이 평소 아픈 사람들이 충분히 궁금해할 만한 제목으로 만들었습니다. 게다가 이미지도 재활 필라테스를 받으러 온 회원을 직접 지도하는 사진을 사용했습니다. 이처럼 대표 이미지는 서비스를 잘 나타내면서도 보는 이가 곧바로 어떤 곳인지 떠올릴 수 있도록 해야 합니다. 식당을 운영하고 있다면 대표 메뉴 또는 손님들로 붐비는 매장 내부의 사진을 쓸 수 있습니다. 에어컨 청소를 한다면 현장에서 직접 세척을 하는 모습이 담긴 사진을 넣습니다. 어떤 업종이든 당근에서는 꾸민 사진보다 현실에 가깝게 찍은 사진이 더 좋습니다.

고객의 눈길을 사로잡는 두 가지 제목 유형

사진은 현장에서 찍은 것을 사용하면 되지만 제목을 만들려면 연습이 필요합니다. 지금까지 수백 건의 광고를 진행하면서 클릭률이 잘 나왔던 두 가지 제목 유형이 있습니다. 잘만 적용하면 클릭률이 금방 오르는 변화를 경험할 수 있을 것입니다.

● 공감대를 형성하는 제목

클릭률을 높이는 첫 번째 제목 유형으로는 고객의 고민 또는 공감대를 형성하는 말입니다. 사람들은 자신의 이야기라고 생각될 때 한 번 더 쳐다보게 됩니다. 아무런 관련이 없는 광고는 지나치더라도 '이거 내 이야기인데?'라고 생각할 때 시선을 멈춥니다. 그럼에도 많은 분들이 광고를 할 때 하는 실수 중 하나가 자신이 알리고자 하는 내용을 그대로 광고한다는 점입니다. 이는 의도했던 바와는 달리 어떠한 공감대도 형성하지 못합니다. 그 결과 노출된 광고의 클릭수는 현저히 떨어집니다.

▲ 공감대가 없는 광고 제목

고객의 눈길을 사로잡기 위해서는 그들의 공감대를 형성할 수 있는 제목을 만들어야 합니다. 예를 들어, 피부 관리 업체에서 광고를 한다면, '피부가 축 처져서 고민이에요', '요즘 들어 왜 이렇게 피부가 처지는 걸까?'와 같은 제목을 쓸 수 있습니다. 이러한 제목을 만들 때는 사람들이 평소에 하는 혼잣말을 그대로 써도 됩니다. 청소 업체라면 '집 청소 깨끗하게 해드립니다'가 아닌 '입주 청소 받아도 금방 더러워져서 고민이에요'로 고객의 고민을 그대로 표현해봅니다. 헬스장 광고를 한다면 '1대 1 PT 다이어트 시작'보다 '같이 운동하는데 왜 저만 그대로인 걸까요? ㅠㅠ'처럼 고객의 걱정을 담습니다. 타깃 고객이 평소에 하는 말들을 떠올려 보면 쉽게 알 수 있습니다. 일상에서 자주 쓰는 말인 만큼 공감대를 불러일으키고 그런 제목이 눈에 띈다면 클릭하게 될 확률도 올라갑니다.

다음은 50대를 타깃으로 구인 광고를 진행한 사례입니다. '50이 넘었는데, 일자리를 받아주는 곳이 있으려나?'로 제목을 지었습니다. 클릭률은 11% 가까이 나왔습니다. 여기서 한 가지 팁이 있다면 목표한 타깃의 나이대를 제목에 포함하고, 광고를 세팅할 때도 동일한 연령만 지정하여 타깃을 설정하는 것입니다. 이 광고는 연령을 50대로 설정했습니다. 그러면 노출된 광고를 본 유저는 자신의 연령대가 포함된 제목에 끌려 클릭할 확률이 올라갑니다.

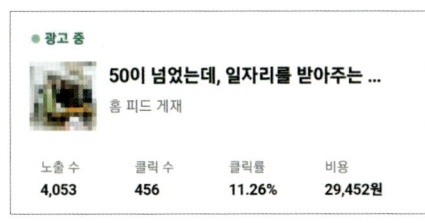

▲ 50대 타깃 광고

● 수치를 사용한 제목

클릭률을 높이는 두 번째 제목 유형으로는 수치를 사용하는 것입니다. 사람들은 머릿속에 확실한 그림이 그려질 때 광고를 많이 눌러봅니다. 수치를 사용하지 않으면 어떤 내용인지 한 번에 알기가 어려워 지나칠 수 있습니다. 그러나 수치를 사용하면 사람들의 뇌에 단번에 인지됩니다.

예를 들어, '단기간 성적이 폭발적으로 향상하는 이유', '줄 서서 먹는 디저트 맛집'과 같은 제목은 크게 와닿지 않을 수 있습니다. 하지만 수치를 사용해 '50점 맞던 아이가 한 달 만에 80점 오른 비결', '30분 줄 서면서도 다시 방문하고 싶은 디저트 맛집'과 같이 제목을 쓴다면 머릿속에 내용이 바로 들어옵니다. 청소 업체 광고의 경우 '단 1시간, 엉망진창이었던 공간이 확 바뀝니다'처럼 쓸 수 있습니다. 헬스장에서는 '5년째 100kg였던 제가 드디어 해냈습니다'와 같이 제목을 정합니다. 우리가 하는 광고는 사람들의 눈에 금방 나타났다 사라집니다. 따라서 수치를 써서 한 번에 각인시킬 수 있도록 만드는 것이 중요합니다.

만약 고객의 고민이나 수치를 쓰기가 애매한 상황이라면 리뷰를 활용하여 제목을 지을 수도 있습니다. 당근에서 받은 후기나 다른 플랫폼을 통해 받은 리뷰를 사용하는 것입니다. 후기의 내용 중 많은 사람들이 공통적으로 하는 말이나 칭찬을 제목으로 작성합니다. 초밥 음식점의 리뷰를 활용해서 제목을 만들어보겠습니다.

▲ 초밥 음식점 후기1　　　▲ 초밥 음식점 후기2

후기1을 활용한 제목 : 천호동 가성비 짱 초밥집 발견했어요!
후기2을 활용한 제목 : 연어&광어 양, 가성비 실화인가요?

이와 같이 후기로 제목을 만들 때에는 사람들이 평소에 자연스럽게 하는 말일수록 좋습니다. 고객의 후기를 활용한다면 더욱 쉽게 제목을 만들 수 있습니다.

마케팅이 쉬워지는 당근 꿀팁!

당근비즈니스에서도 섬네일에 공을 들여야 하나요?

다른 플랫폼의 섬네일을 보면 많은 정성이 들어간 것을 볼 수 있습니다. 다행히도 당근에서 섬네일은 그만한 노력 없이 일상의 사진만으로도 충분합니다. 섬네일에 다양한 문구를 넣는 등의 작업을 한 사진이 당근에서는 오히려 광고성 짙은 글로 보이기 때문에 반감을 살 수 있습니다. 당근에서는 보정한 사진이 아닌 직접 찍은 사진이 섬네일에 더 적합합니다. 그러므로 일상에서 찍어놓은 사진만 있다면 굳이 새로운 사진을 공들여 만들 필요는 없습니다.

CHAPTER 3.
매력적인 소식지의 차별화 포인트

광고 클릭률이 아무리 높다고 해도 소식지를 통해 매력을 보여주지 못하면 의미가 없습니다. 광고를 보도록 만드는 것보다 소식지를 통한 반응이 더 중요합니다. 많은 클릭이 일어나도 소식을 제대로 확인하지 않고 지나치면 광고 성과를 낼 수 없습니다. 보는 이에게 반응을 얻기 위해서는 소식지를 통해 가게의 매력을 알 수 있도록 만들어야 합니다. 다른 곳에서도 하는 흔한 말이 아닌 차별화된 점이 무엇인지 보여줄 수 있어야 합니다.

매력적인 소식지를 만들기 위한 세 가지 포인트

● 신뢰를 먼저 쌓기

첫 번째, 가격 할인보다 신뢰가 먼저입니다. 광고할 소식지에 가격 할인은 필수 요소라 할 수 있습니다. 그러나 할인 정보가 전부가 되어서는 안 됩니다. 소식지에서 할인만 언급한다면 고객 역시 할인에 대한 정보만 얻고 가버릴 수 있습니다. 할인보다 더 중요한 것은 바로 가게의 서비스에 대한 신뢰라고 할 수 있습니다.

가게에서 아무리 좋은 서비스라고 이야기해도 고객의 마음에 큰 변화는 일어나지 않습니다. 반면, 기존에 서비스를 이용한 사람들의 말에는 솔깃하며 귀 기울여 듣습니다. 가게에서 직접 100번 이용하라고 말하는 것보다 친구가 좋다고 하는 한 마디 말이 더 강력합니다. 그래서 소식지에 고객이 이용한 후기를 넣는 것이 가게의 매력을 드러내는 데 큰 도움이 됩니다. 가격 할인에 대한 정보뿐만 아니라 기존 이용자들의 후기를 함께 넣어야 합니다. 이때, 짧은 후기가 아니라 사진과 함께 작성된 장문의 후기일수록 신뢰를 얻는 데 더 도움이 됩니다. 후기는 두세 개 정도를 캡처한 이미지를 넣습니다. 이제 막 당근비즈니스를 시작해서 후기가 없다면 다른 플랫폼에서 받은 리뷰를 다음과 같이 넣어도 좋습니다.

▲ 소식지 내에 후기 넣기

● 소식지를 구체적으로 작성하기

두 번째, 차별화된 서비스를 구체적으로 상상할 수 있도록 상세하게 작성해야 합니다. 다음 소식지만 봐서는 다른 학원과 어떤 점이 특별히 다른지 전혀 알 수 없습니다. 당근에서 소식지를 쓰는 많은 사장님들이 자신의 서비스가 특별함에도 경쟁 업체와 무엇이 다른지 크게 언급하지 않습니다. 차별화된 서비스는 상세하게 이야기하지 않으면 상대가 알 수 없습니다.

학원에서 아이에게 맞는 선생님을 모시기 위해서 어떤 노력을 했는지, 수강생들의 수준에 맞는 문제를 제작하기 위해서 어떻게 시스템을 만들었는지 등 모두 말해줘야 알 수 있습니다. 고객을 위해서 평소에 얼마나 세심한 것까지 신경 쓰는지를 알려줌으로써 진정성을 드러내야 합니다. 차별화된 서비스를 구체적으로 상상할 수 있도록 만들어야 고객의 마음에도 반응이 나타나기 시작합니다.

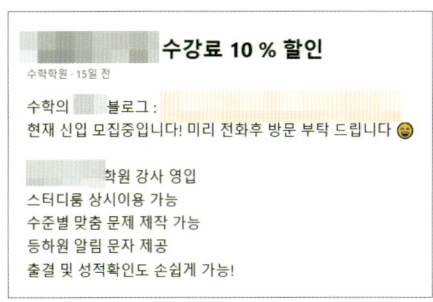

▲ 학원 소식지

휴대폰 가게에서 휴대폰 이야기만 한다면 차별화를 보여주기 어렵습니다. 마찬가지로 에어컨 청소 업체에서 에어컨 청소에 대해서만 이야기한다면 할 말이 많이 없을 것입니다. 다른 경쟁 업체들이 가격과 할인에 대한 정보만 언급할 때, 서비스를 얼마나 정성껏 제공하는지 구체적으로 상상할 수 있도록 상세하게 작성해야 합니다. 또 가게를 어떤 마음으로 운영하는지 철학적인 부분이나 신념을 쓰는 것도 좋습니다. 사소한 차이일 수 있지만 이런 점이 고객의 감성을 건드려 큰 반응을 만들어낼 수 있습니다.

● **적절하게 사진 배치하기**

세 번째, 적절한 사진 배치를 통해 매력을 잘 드러내야 합니다. 글로만 작성된 소식지는 사람들이 몰입해서 읽기 어렵습니다. 더군다나 장문의 글일 경우 집중력이 떨어져 끝까지 읽지 않고 이탈해버릴 가능성이 높습니다. 소식지를 통해 고객의 반응을 얻기 위해서는 반드시 사진이 들어가야 합니다. 내용에 맞는 적절한 사진은 이야기에 자연스럽게 빠져들게 만들고, 우리 가게의 매력을 더욱 쉽게 전달해줍니다. 다음 소식에는 원장님의 인사말과 함께 사진이 나옵니다. 사진 없이 글만 나온다면 단순 광고라는 생각에 그냥 넘어갈 수 있습니다. 그러나 원장님의 사진을 넣음으로써 인사말을 하는 사람이 누구인지 떠올리게 하고, 내용에 쉽게 몰입하게 만들 수 있습니다.

▲ 적절한 사진 배치

앞서 서비스의 과정을 보여주는 것이 차별화를 나타낼 수 있다고 했습니다. 과정을 보여줄 때도 내용과 일치하는 사진을 넣는다면 쉽게 이해하게 될 뿐만 아니라 소식에 더 집중하도록 만들 수 있습니다. 어떤 내용이든 이해를 도울 수 있는 사진이라면 글 사이에 적절하게 배치해주는 것이 좋습니다. 재활 필라테스 업체의 소식 내용을 보면 원장님 본인이 어떻게 재활 필라테스 센터를 운영하게 되었는지 말하고 있습니다. 아울러 체형이 어긋났을 때의 사진을 내용 가운데 적절히 배치함으로써 집중도를 높입니다.

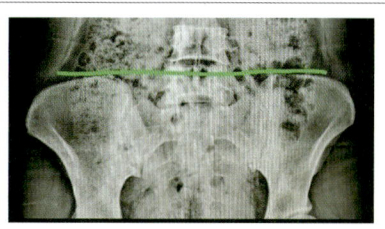
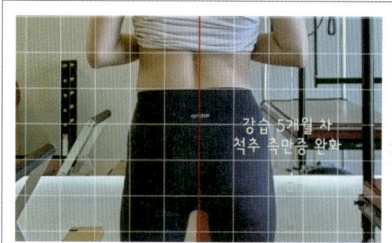

물리치료, 주사치료, 한의원 치료, 마사지 등 안 해본 것이 없습니다. 그런 노력 끝에 비로소 저는 재활 필라테스를 만나게 되었고, 제 몸이 변화되는 것을 경험하기 시작했습니다. 통증을 달고 살던 제 몸이 개선되는 것을 느끼면서, 이 분야를 전문적으로 연구하며 해부학까지 깊이 파고 들었습니다.

이 방법으로 1천명이 넘는 수강생들에게 도움을 주었으며, 심각한 통증으로 도움을 받은 분들만 족히 300명이 넘습니다. 단언컨대 이같은 방식으로 진행하는 곳은 국내 어디에도 없을 겁니다. 이 모든 것은 강습을 만족하는 분들의 이야기를 들어 보시면 알 수 있습니다.

▲ 적절한 사진 배치

고객의 사례와 함께 사진이 있으면 신뢰도도 높아집니다. 만약 사진 없이 글로만 작성되면 제대로 전달하기 어렵습니다. "이 방법으로 1천 명이 넘는 수강생들에게 도움을 주었으며, 심각한 통증으로 도움을 받은 분들만 족히 300명이 넘습니다."와 같은 소식지의 내용에 아무 사진이 없다면 어떨까요? 구체적인 수치와 내용이 나온다 해도 누구도 쉽게 신뢰하기란 어려울 것입니다. 신뢰를 얻으면서도 매력을 부각시키기 위해서는 반드시 사진과 함께 표현되어야 합니다.

마케팅이 쉬워지는 당근 꿀팁!

소식지는 꼭 길게 써야만 하나요?

비즈프로필의 소식지는 말 그대로 가게의 소식을 알리기 위해 작성하는 것입니다. 길게 쓰든 짧게 쓰든 상관없습니다. 음식점을 하고 있다면 새로운 메뉴의 소식을 짧게 써도 괜찮습니다. 렌탈 업체를 한다면 새롭게 나온 렌탈 제품 소식을 간단하게 작성해도 좋습니다. 평소에 올리는 소식은 양식에 상관없이 편하게 올리면 됩니다. 하지만 광고할 소식지를 짧은 분량으로 작성하면 가게의 매력을 모두 보여주기가 어렵습니다. 매력을 드러내기 위해 글을 쓰다 보면 평소보다 글이 길어질 수 있습니다.

광고할 소식 외에 평소에는 어떤 소식을 써야 할까요?

평소에는 다양한 소식지를 작성할 수 있습니다. 가게의 모습을 보여줄 수 있는 내용, 고객에게 도움이 되는 정보, 이벤트, 일상에서 공감이 되는 이야기 등을 올릴 수 있습니다. 매번 같은 일상이더라도 서비스를 준비하는 과정을 사진과 함께 올릴 수 있습니다. 학원이라면 '우리 아이 집중력 높이는 다섯 가지 습관'과 같이 고객에게 도움이 되는 정보를 정리해서 소식으로 만들 수 있습니다. 일일 무료 이벤트 소식을 알려도 되고, 올림픽이나 월드컵 등 이슈인 소식을 나눌 수도 있습니다. 이처럼 가게를 알리되 고객에게도 도움이 되는 이야기라면 어떤 내용이든 소식으로 써도 좋습니다.

긴 소식지도 끝까지 읽게 만드는 두 줄 공백

"소식지 내용이 길면 사람들이 안 보고 지나치지 않을까요?"

그동안 당근비즈니스 노하우를 공유하면서 많이 들었던 말입니다. 사람들은 소식지가 길어서 읽지 않는 것이 아닙니다. 글이 짧든 길든 가독성이 떨어지기 때문에 읽지 않고 넘기는 것입니다. 광고를 클릭했는데 열 줄가량 되는 장문의 글이 나온다면 제대로 읽는 사람이 몇이나 될까요? 그냥 넘어가는 사람이 대부분일 것입니다.

다행히도 글을 잘 쓰든 못 쓰든 가독성을 높이는 방법은 생각보다 간단합니다. 1분도 안 걸리는 방법이지만 적용하는 즉시 효과를 볼 수 있습니다.

필자는 당근비즈니스에서 소식지를 작성할 때 1천 자 이상을 씁니다. 다른 가게에서 쓴 소식지보다 길지만 많은 사람들이 시간을 들여 읽는다고 확신합니다. 그 이유는 〈당근코치〉 블로그의 체류 시간을 확인해보면 알 수 있습니다.

2022년 4월에서 6월까지 블로그 글의 평균 체류 시간은 약 1분대입니다. 블로그의 글을 클릭해서 들어온 사람이 1분 조금 넘게 글을 보고 페이지를 나갔다는 뜻입니다.

2022.06. 월간	1m 27s	0s	10s	1m 30s
2022.05. 월간	1m 24s	0s	0s	1m 24s
2022.04. 월간	1m 35s	0s	0s	1m 35s

▲ 4월~6월 체류 시간

신기하게도 딱 한 가지의 변화만 주었을 뿐인데, 7월부터는 체류 시간이 약 3분대로 바뀌었습니다. 그 이후로는 4분 이상까지 늘어났습니다. 체류 시간이 늘어났다는 것은 해당 글을 읽으면서 머무르는 시간이 늘어났다는 의미입니다. 즉, 글을 읽는 시간이 두 배 이상 증가한 것입니다.

2022.12. 월간	4m 15s	2m 29s	1m 40s	5m 1s
2022.11. 월간	3m 3s	1m 0s	2m 2s	3m 28s
2022.10. 월간	3m 16s	4m 30s	2m 3s	3m 33s
2022.09. 월간	3m 4s	2m 24s	1m 44s	3m 41s
2022.08. 월간	2m 56s	2m 10s	1m 48s	3m 9s
2022.07. 월간	3m 2s	0s	3m 41s	2m 50s

▲ 7월~12월 체류 시간

체류 시간을 늘린 비결은 바로 '두 줄 띄어쓰기'입니다. 아무리 좋은 내용을 써도 글이 빽빽하게 차 있으면 가독성이 떨어지고 집중력이 저하됩니다. 4월~6월에 쓴 글들의 체류 시간이 약 1분대밖에 되지 않는 이유는 장문의 단락들이 모두 붙어 있기 때문입니다. 글이 눈에 들어오지 않으니 오랫동안 읽지 못하고 앞부분만 보다가 금방 이탈하게 됩니다.

반면 7월부터 작성한 글은 짧게 쓰고 단락마다 두 줄씩 띄었습니다. 두 줄을 띔으로써 글이 한눈에 들어오고 가독성까지 좋아져 쉽게 읽힙니다. 이전에 쓴 글과 분량이 비슷한데도 체류 시간은 두 배 이상 늘어났습니다. 당근에서 아무리 긴 글을 써도 사람들이 끝까지 읽고 문의가 오는 건 가독성이 좋은 글을 썼기 때문입니다.

실제로 한 번은 맛집을 찾던 중 쭈꾸미 집 평점이 4.8인 걸 확인한 후 먹으러 간 적이 있다. 블로그에서도 많은 게시글들이 올라왔기 때문에 믿음을 가지고 방문했다. 가게를 방문했을 때 손님은 없었지만 맛집일 거란 기대를 했다. 하지만 실제로 먹었을 때 평범한 정도에 그쳤을 뿐 4.8점의 맛집은 아님이 틀림없었다. 나올 때 손님이 한 테이블밖에 없는 걸로 보아서 리뷰와 평점은 허위임이 분명했다. 나를 포함한 대부분의 사람들은 그곳에서 한 번 식사를 한 이후 재방문을 하지 않을 것이다. 리뷰를 통해 딱 한 번은 사람들의 방문을 유도할 수 있겠지만 그 이후 재방문하는 사람은 없을 것이다. 시간이 지나 단골이 없는 가게는 망할 수 밖에 없다.	282법칙은 조직의 20%가 성과를 내고 60%는 일반적인 수준을, 나머지 20%는 별다른 성과를 내지 못한다. 마케팅에서도 282법칙이 적용이 된다. **고객의 20%는 비싼 것을 선호하고 60%는 비싼 것과 저렴한 것 어느 것이든 상관없으며, 나머지 20%는 저렴한 것만 선호한다.** 즉, 20%를 제외한 80%는 비싸도 구매할 의향이 있음을 의미한다.
▲ 4월~6월에 작성한 글	▲ 7월부터 작성한 글

사람들이 긴 글을 싫어하는 것이 아닙니다. 읽히지 않는 글을 싫어할 뿐입니다. 자신의 관심사가 있는 글인데 가독성이 뛰어나다면 그냥 지나칠 이유가 없습니다. 두 줄을 띄어쓰는 데는 1초도 안 걸립니다. 자신이 쓴 소식지의 내용을 살펴보고 단락마다 띄어쓰기가 되지 않았다면, 한 문장에서 두 문장을 쓴 다음에 두 줄을 띄어서 작성해봅시다.

장문의 후기를 빛나게 하는 네모 상자

두 줄을 띄는 것과 함께 소식지에 더 몰입할 수 있게 만드는 방법이 한 가지 더 있습니다. 바로, 작성한 소식지의 후기에 네모 상자를 표시하여 강조하는 것입니다. 소식지 내에 장문의 리뷰나 후기를 그대로 넣으면 내용이 길어서 다 읽지 못하고 넘길 수 있습니다. 이때, 고객이 반드시 눈여겨봐야 할 부분을 네모 상자로 표시하면 후기의 핵심적인 내용을 확실하게 전달할 수 있습니다.

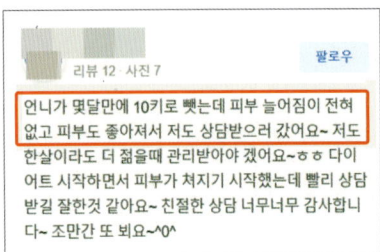

▲ 네모 상자 표시

후기에 네모 상자 표시하기　　　LESSON >

네모 상자는 PC에서 '픽픽'이라는 프로그램을 다운로드하면 간단하게 만들 수 있습니다. 다운로드해서 진행하는 순서는 다음과 같습니다.

01_ https://picpick.net 사이트에 접속합니다. 화면 왼쪽 상단의 [다운로드]를 클릭합니다.

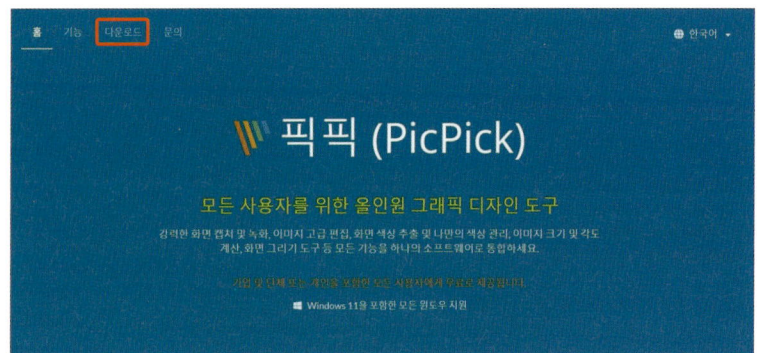

02_ 다운로드한 파일을 설치하면 바탕화면에 '픽픽' 프로그램이 생성됩니다.

03_ 픽픽을 실행하고 [새로 만들기]를 클릭합니다.

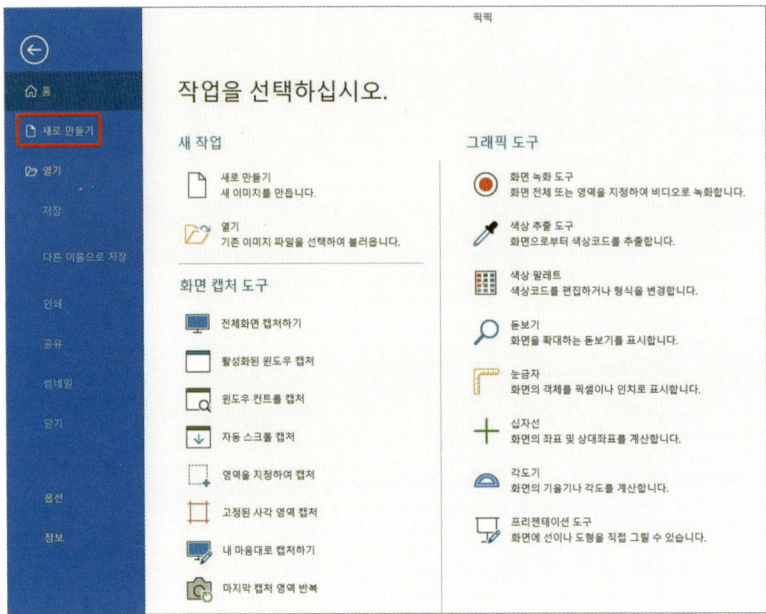

04_ 소식지에 쓸 리뷰나 후기의 캡처 이미지를 가져옵니다. 다음과 같이 장문의 리뷰를 그대로 쓰면 고객이 다 확인하지 않고 넘어갈 수 있습니다. 이때, 핵심이 되는 부분만 네모 상자로 표시해서 강조할 수 있습니다. 상단의 [도형]에서 [사각형]을 클릭합니다.

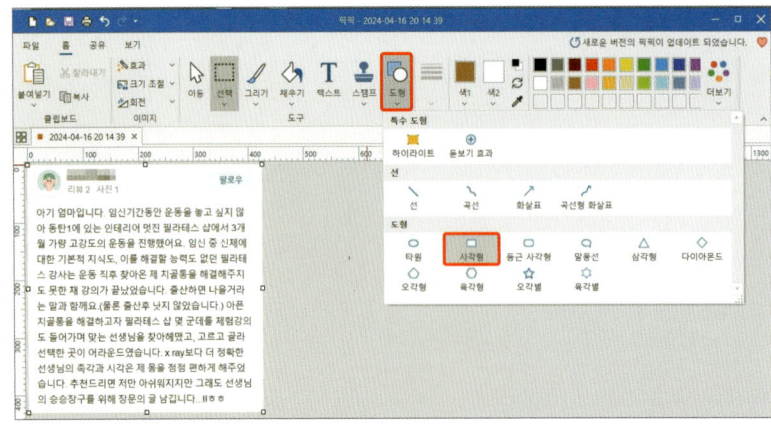

05_ 장문의 리뷰 내용 중 강조하고 싶은 부분의 범위를 지정합니다. 이렇게 상자 표시를 함으로써 후기가 더 돋보이게 하고 소식지에 몰입하도록 만들 수 있습니다.

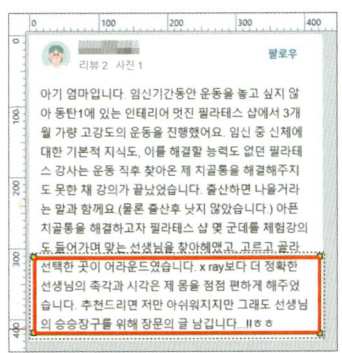

06_ 강조하고 싶은 부분 외에도 가리고 싶은 부분이 있을 때 모자이크 처리도 할 수 있습니다. 예를 들어, 후기의 프로필에 고객의 사진이 나오는 경우 그대로 올릴 수 없으므로 모자이크 효과를 넣어서 사용할 수 있습니다. 모자이크 처리할 부분에 [선택]을 클릭해 범위를 정합니다.

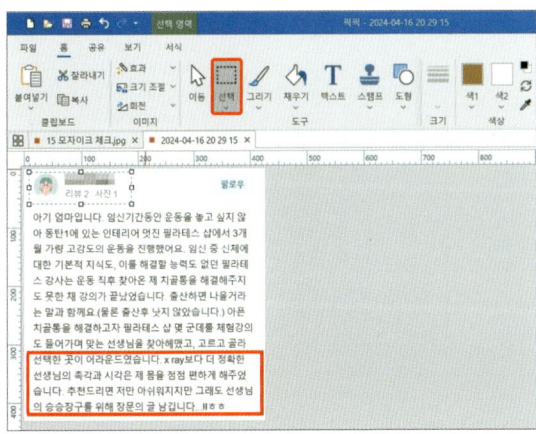

07_ 범위를 정했으면 오른쪽 상단의 [모자이크]를 클릭합니다.

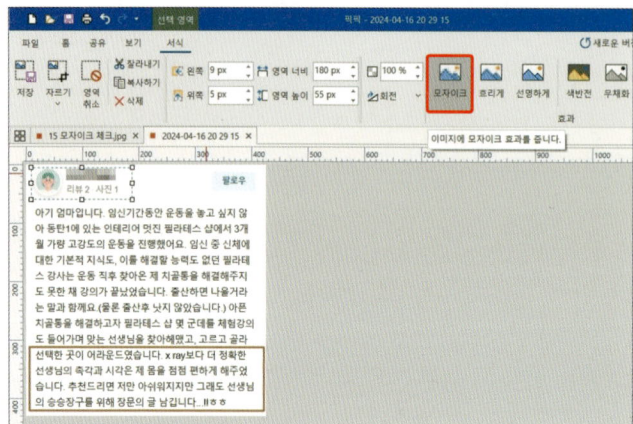

08_ 지정한 부분이 모자이크 처리되는 것을 확인할 수 있습니다. 이처럼 고객의 사진이나 가려야 할 부분이 있다면 픽픽의 모자이크 효과를 통해 간편하게 작업할 수 있습니다.

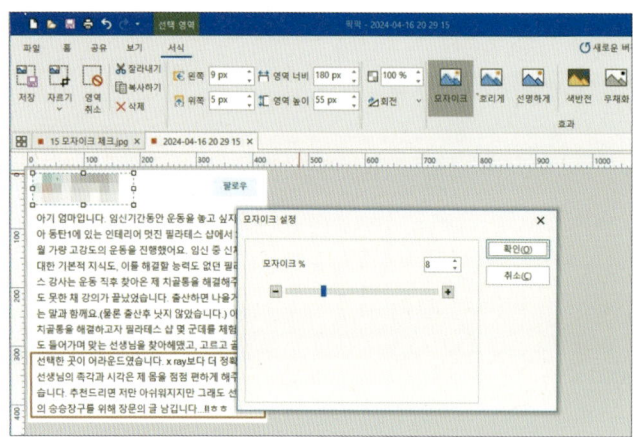

> **마케팅이 쉬워지는 당근 꿀팁!**
>
> **사진은 몇 장 정도 쓰는 것이 좋을까요?**
> 사진은 텍스트 분량에 맞춰서 사용하는 것이 좋습니다. 글자 수가 많은데 사진을 적게 쓰면 몰입이 어려울 수 있습니다. 사진을 넣는 것은 작성한 내용을 더 쉽게 확인하기 위함입니다. 소식지의 한두 문장을 한 문단으로 본다면, 두세 문단 다음에 사진을 쓰는 것이 가장 이상적이라 할 수 있습니다. 두세 문단이 나온 후 사진이 적절하게 배치되면, 소식지를 보는 이가 쉽게 몰입하도록 만들 수 있습니다. 이때, 사진을 넣은 후에도 글과 마찬가지로 두 줄을 띄어 씁니다.

CHAPTER 5.
줄 서는 가게의 비밀

맛집 앞에서 장시간 줄을 서서 먹는 이유

'요즘 따라 왜 이렇게 장사가 안 되지?', '경기가 어려워서 그런가?' 이런 생각을 하다가도, 사람들이 줄 서서 기다리는 맛집을 보면 '저기는 왜 저렇게까지 줄 서서 먹지?' 하는 생각을 해본 적이 있을 것입니다. 누군가는 맛있어서 줄을 서는 것이라 하고 누군가는 서비스의 차별화를 말하기도 합니다. 물론 맛과 차별화된 서비스도 중요하지만, 이것이 전부만은 아닙니다.

필자는 2023년 5월에 제주도 여행을 갔습니다. 마침 숙소 근처에 SBS 〈백종원의 골목식당〉에 나온 맛집인 '연돈'이 있었습니다. 인기가 많을 것이라 생각해서 오전 10시쯤 가게를 방문했습니다. 그러나 놀랍게도 이미 수백 명 이상의 사람들이 기다리고 있었습니다. 전혀 줄어들 것 같지 않은 줄을 보면서 기다리기를 포기하고 다른 곳에 갔던 기억이 납니다. 아침부터 수백 명의 사람들이 가게 문을 열기도 전에 줄을 서는 이유가 과연 어디서도 먹어볼 수 없는 맛 때문일까요? 돈가스 마니아로서 '연돈'처럼 맛있는 돈가스는 다른 곳에도 충분히 존재한다고 생각합니다. 그럼에도 사람들이 몰려와서 줄을 서서 먹는 이유는 '연돈'이 사람들의 입을 통해서 꾸준히 홍보되고 있기 때문입니다. 처음에는 백종원 대표를 시작으로 알려진 곳이지만 지금은 전국 각지의 사람들이 좋은 후기를 전파하며 알리고 있습니다.

▲ 네이버 방문자 리뷰와 블로그 리뷰 수

네이버 방문자 리뷰부터 블로그 리뷰까지 매일 업데이트되고 있습니다. 업체에서 우리 가게가 좋다고 스스로 홍보하는 것보다, 가게를 이용한 고객들의 지속적인 칭찬이 더 큰 신뢰를 줄 수 있습니다. 줄 서는 가게의 비밀은 바로 '신뢰'입니다. 장사가 잘 안되고 있다면 '우리 가게는 고객에게 얼마나 신뢰를 주고 있는가?'를 먼저 고민해봐야 합니다. 그리고 가장 먼저 해결해야 할 과제는 지속적으로 고객의 후기를 받는 일입니다.

지속적인 후기를 확보하는 비결

당근비즈니스를 운영할 때, 후기의 양과 질에 따라 서비스의 경쟁력은 달라질 수 있습니다. 고객이 두 렌탈 업체를 보고 비교한다고 가정했을 때, 후기가 10개인 곳과 494개인 곳 중 어떤 곳을 선택할까요? 후기의 퀄리티가 좋고 양이 많은 곳을 선택할 확률이 높습니다. 따라서 장기적으로 경쟁력을 갖추고 줄 서는 가게가 되기 위해 지

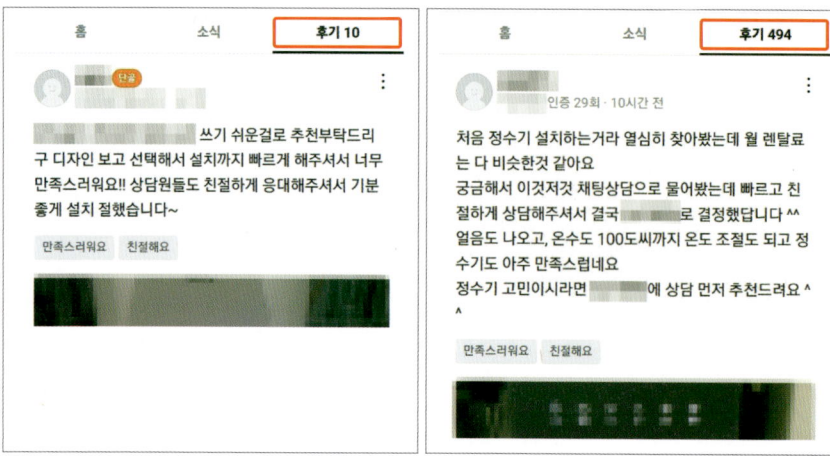

▲ 후기 10개   ▲ 후기 494개

속적인 후기를 확보해야만 합니다.

꾸준히 후기를 확보하기 위해서는 두 가지 조건이 갖추어져야 합니다. 첫 번째, 서비스의 퀄리티가 좋아야 합니다. 당연한 말이지만 고객은 서비스 퀄리티에 만족해야 후기를 남깁니다. 지속적으로 가게를 운영함에도 좋은 후기가 달리지 않는다면 그것은 고객의 피드백으로 받아들여야 합니다. 서비스의 퀄리티가 떨어지지는 않는지 돌아봐야 합니다.

고객은 결코 아무런 이유 없이 움직이지 않습니다. 광고를 클릭하는 것부터 내용을 보고 선택하기까지 모든 행동에는 이유가 있습니다. 필자가 사는 동네에는 짜장면은 2천 원, 탕수육은 3천 원에 판매하는 가게가 있습니다. 점심 시간에 이곳을 방문하면 많은 손님들로 붐비고, 사장님이 바빠서 테이블을 치우지 못할 때도 있습니다. 손님이 주문을 하려 하면 "바빠요, 잠시만 기다리세요!"라고 말을 하며 한참 후에 주문을 받기도 합니다. 사장님의 말에 손님들은 알아서 기다리고, 식사를 마친 후에는 식기를 주방 앞까지 가져다 놓기도 합니다. 이렇게 행동하는 이유는 5천 원의 가성비로 맛난 식사를 즐길 수 있었기 때문입니다. 만약 사장님이 짜장면 한 그릇에 5만 원을 받는데도 테이블을 늦게 치우고 기다리라고 한다면 손님은 당연히 불편한 기색을 드러낼 것입니다. 이렇듯 자신이 지불한 비용보다 서비스 퀄리티가 높다고 느낄 때 고객의 행동은 달라집니다. 그러므로 서비스 퀄리티를 높이는 일은 필수입니다.

서비스가 좋은데도 후기가 달라지지 않는다면 두 번째, 후기를 위한 액션을 취해야 합니다. 후기 이벤트를 통해서 고객이 리뷰를 남길 수밖에 없는 시스템을 만들어야 합니다. 다시 말해, 후기를 자발적으로 쓸 수밖에 없도록 만드는 것입니다. 필자가 2020년 홈케어를 하고 후기를 요청할 때, "후기를 남겨주실 수 있을까요?"라고 말만 했다면 많은 후기를 받지 못했을 것입니다. 하지만 "후기를 남겨주시면 1만 원짜리 아로마 오일을 서비스로 챙겨드려요."라고 말하자 대부분의 고객이 현장에서 후기를 남겼습니다.

이렇듯 후기를 쓰면 고객에게 이득이 될 수밖에 없는 조건을 제시해야 합니다. 얼마 전 휴대폰을 구매하기 위해 방문했던 가게에서는 휴대폰을 구매하고 후기 이벤트에 참여하여 고속충전기를 선물로 받았습니다. 죽 가게에서는 죽을 포장하면서 리뷰를 쓰고 단호박 식혜를 얻었습니다. 현장에서 후기를 남기면 5천 원을 즉시 할인해주는 헤어 숍도 있습니다. 렌탈 업체에서는 고객이 후기를 작성하면 추가로 5천 원을 할인해줍니다. 이처럼 고객에게 이득을 제공함으로써 후기를 남길 수밖에 없는 시스템을 만들어야 합니다. 고객은 아무런 이유 없이 움직이지 않습니다. 꾸준한 후기를 얻기 위해서 고객에게 추가적으로 제공할 수 있는 서비스가 무엇이 있을지 고민하고 정리해봅시다.

CHAPTER 6.
고객의 마음을 움직이는 당근 타기팅 프로세스

광고 세팅이 끝났다면 이제는 결과를 지켜봐야 합니다. 결과가 잘 나올 수도 있겠지만 기대한 만큼 나오지 않을 수도 있습니다. 성과란 고객의 마음을 움직이지 않고는 결코 따라오지 않습니다. 다행히도 당근비즈니스에서는 고객에게 문의를 받기 위한 프로세스가 존재하고, 이를 통해 피드백하고 보완할 수 있습니다.

고객은 우리의 뜻대로 단번에 움직이지 않습니다. 사람들은 홈쇼핑에서 마음에 드는 제품을 보더라도 당장 구매를 결정하지 않습니다. 하지만 쇼호스트의 이야기를 듣다가 방송이 마무리되기 전에 끝내 주문을 결정합니다. 이렇게 구매로 이어지는 이유는 여러 단계에 걸쳐서 고객의 마음이 움직였기 때문입니다. 마찬가지로 당근에서도 고객의 마음을 움직이기 위해서 여러 단계를 거쳐야 합니다.

당근비즈니스를 통해서 고객의 마음을 움직이려면 다섯 단계가 필요합니다. 당근에서 타깃 고객이 쉽게 선택을 결정하도록 만드는 이 과정을 '당근 타기팅 프로세스'라고 합니다. 이는 당근에서만 적용 가능한 것이 아니라, 다른 모든 곳에서 모객할 때도 활용할 수 있습니다. 당근 타기팅 프로세스를 토대로 자신의 상품과 서비스가 고객에게 왜 어필이 되지 않았는지 피드백하고 보완할 수 있습니다.

타기팅을 구체화하여 설정하기

광고를 하기 전, 가장 먼저 타기팅 설정이 제대로 되었는지 확인해야 합니다. 타기팅이란 고객의 범위를 좁혀 하나의 집단만을 집중적으로 공략하는 마케팅 전략입니다. 사업을 하는 분들 중 마케팅에서 타기팅이 왜 중요한지 모르는 사람은 거의 없을 것입니다. 그럼에도 시중에 올라오는 많은 광고는 타기팅이 제대로 되지 않았다고 해도 무방합니다.

타기팅이 되지 않은 광고
- 피부 관리 숍 : 오픈 기념 10% 할인 이벤트!
- 헬스장 : PT 10회 등록 시, 1개월 무료!
- 미용실 : 깔끔하고 예쁘게 커트해드려요.

이러한 광고는 타기팅이 전혀 되지 않았다고 볼 수 있습니다. 타기팅이 되지 않은 광고는 만병통치약을 홍보하는 것과 같습니다. 누군가가 "이건 만병통치약이라서 한 번 맛보시면 효과를 보실 거예요."라고 한다면 어떨까요? 관심을 끌어내기 어려울 뿐만 아니라 누구도 믿지 않을 것입니다. 반면 "자주 체하는 분들의 위장에 도움을 주는 식품이에요."라고 한다면 위장이 좋지 않은 사람들만큼은 흥미를 가지고 들을 것입니다. 만병통치약을 홍보하려면 건강에 대한 온갖 정보를 일일이 다 말해야 하므로 내용이 길어져 이목을 끌지 못할 것입니다. 반면 위장에 도움을 주는 식품의 경우 위장과 관련된 부분만 이야기함으로써 타깃 고객의 관심과 집중을 끌어낼 수 있습니다.

타기팅의 유무에 따라 관심도가 달라질 뿐만 아니라 광고 효율 및 성과에까지 큰 영향을 미칩니다. 만병통치약처럼 넓은 범위를 대상으로 광고하게 될 경우, 사람들의 관심을 끌지 못하여 광고비 지출은 늘어나고 광고 효율은 떨어집니다. 또한 광고를 클릭해서 들어온 사람들조차도 자신과 관련 없는 내용에 이탈하여 전환율 저조의 결과로 이어집니다. 즉, 타깃의 범위가 넓으면 그들을 위한 프로세스를 설계하여 성과로 잇는 것 자체가 어렵다고 볼 수 있습니다. 당근비즈니스로 광고를 하기 이전에 가장 먼저 해야 할 일은 타깃을 명확히 하는 것입니다.

> **범위를 좁혀 타깃 정하기**
> - 피부 관리 숍 타깃 : 나이가 들수록 피부가 처져서 고민하는 4050 여성
> - 헬스장 타깃 : 헬스장에 등록해도 바빠서 자주 못 할 것 같아 고민하는 2030 직장인
> - 미용실 타깃 : 펌을 예쁘게 하고 싶지만 받을 때마다 원하는 대로 안 나와서 고민하는 2030 여성

타깃을 명확히 한다는 말은 고객의 범위를 좁히는 일을 의미합니다. 피부에 관심 있는 사람 전체가 아닌, '나이 들수록 피부가 처져서 고민하는 4050 여성'처럼 구체적으로 설정해야 합니다. 범위를 좁힘으로써 타깃에 따른 프로세스를 설계할 수 있습니다. 타깃을 구체화했다면 본격적으로 당근 타기팅 프로세스 5단계를 살펴보며 고객이 우리 가게로 찾아올 수 있는 방법을 알아보겠습니다.

당근 타기팅 프로세스 5단계

당근 타기팅 프로세스 첫 번째 단계는 '노출'입니다. 눈에 띄지 않으면 어떠한 기회도 얻을 수 없습니다. 먼저 상품 또는 서비스가 시야에 들어와야 가게를 선택할 수 있는 길이 열립니다. 팬데믹 사태에 매출이 줄어든 것과, 가게를 오픈했지만 고객이 오지 않는 이유는 노출에서 문제가 발생했기 때문입니다. 그러므로 매출이 떨어진다면 다양한 채널을 통해서 문제를 해결해야 합니다.

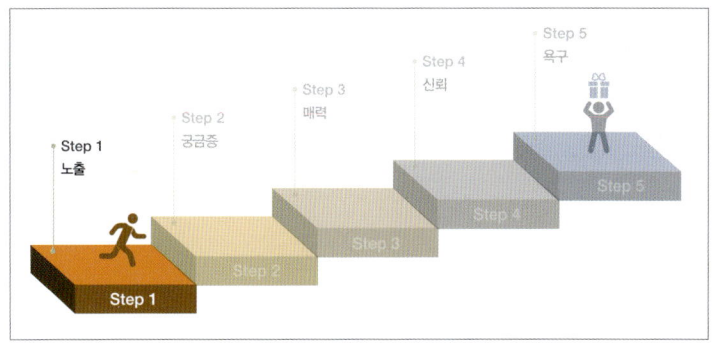

▲ 1단계 : 노출

노출 문제는 유료 광고를 통해 해결할 수 있습니다. 당근비즈니스를 시작한 여러분도 예산만 설정하면 첫 번째 문제는 해결됩니다. 하지만 비용을 써서 광고만 진행한다고 바로 매출로 이어지는 것은 아닙니다. 노출은 고객에게 첫 번째 계단만 놓아준 것에 불과합니다. 나머지 네 개의 계단을 놓지 못하면 고객의 선택으로 이어질 수 없습니다. 간혹 많은 광고비를 지출했음에도 성과로 이어지지 않았다면 노출만 이루어졌을 뿐 다음 단계를 통과하지 못했기 때문입니다.

당근 타기팅 프로세스 두 번째 단계는 '궁금증'입니다. 한 번 보고 지나치는 제품이 될지, 한 번으로도 관심을 가지고 살펴볼 제품이 될지는 고객의 궁금증을 자극하느냐에 달려 있습니다. 점심시간에 길을 지나가다가 맛집에 줄이 길게 늘어선 것을 보

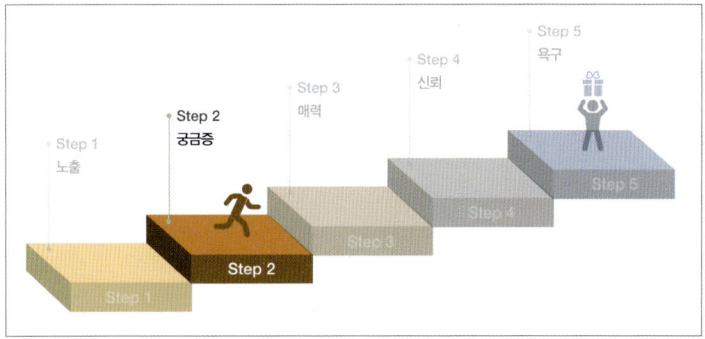

▲ 2단계 : 궁금증

고 한 번쯤 멈춰본 적이 있을 것입니다. 누군가는 잘 알지도 못하고 처음 보는 곳인데도 가던 길을 멈추고 기다리기도 합니다. 왜 잘 알지도 못하는 곳에 멈춰 서서 기다리기까지 하는 것일까요? 바로 궁금증 때문입니다. '도대체 얼마나 맛있길래 이렇게 줄을 선 것일까?' 하는 마음으로 가게에 관심을 가지게 되는 것입니다.

마찬가지로 당근에서 고객의 눈을 사로잡기 위해서는 궁금증을 자극해야 합니다. 즉, 많은 사람들이 노출된 광고를 클릭할 수 있도록 흥미로운 제목을 만들어야 합니다. 앞서 클릭률을 높이는 제목에 대해서 정리했습니다. 여전히 클릭률이 잘 나오지 않는다면, 타깃의 범위를 좁히지 않았는지 살펴봐야 합니다.

- 영어 공부 재미있게 가르쳐드립니다. → 아이가 영어 50점. 어떻게 하면 좋을까요?
- 다이어트 책임지고 살 빼드리겠습니다. → 일하면서 다이어트 하는데 5kg도 안 빠지네요.

타깃의 범위를 넓게 설정하면 제목이 그 누구에게도 와닿지 않을 수 있습니다. 하지만 타깃을 명확히 하여 제목을 만들면 타깃 고객만큼은 확실한 반응이 일어납니다. 영어 학원이라면 학생 전체보다 영어 점수가 50점이 안 되는 아이 또는 산만해서 학원만 다니고 성적에 변화가 없는 아이 등으로 범위를 좁혀야 합니다. 헬스장의 경우 다이어트를 하려는 사람 전체보다는 다이어트를 해도 살이 빠지지 않는 직장인으로 타깃을 명확히 해야 합니다. 이렇게 타깃을 좁혀 공감할 수 있는 문구와 수치를 사용한 제목을 쓴다면 클릭률이 올라가게 될 것입니다.

당근 타기팅 프로세스 세 번째 단계는 '매력'입니다. 고객이 제목에 호기심을 가지고 클릭을 했더라도, 소식을 통해서 우리 가게의 매력에 빠져들도록 만들어야 합니다. 가게의 서비스가 다른 곳과 어떻게 다른지 보여주어야 합니다. 내용을 그럴듯하게 작성한 것과 고객이 스스로 집중해서 보도록 만드는 것은 확연히 다릅니다. 소식을 열심히 썼더라도 보는 이가 몰입이 되지 않는다면 다음 단계로 넘어갈 수 없습니다.

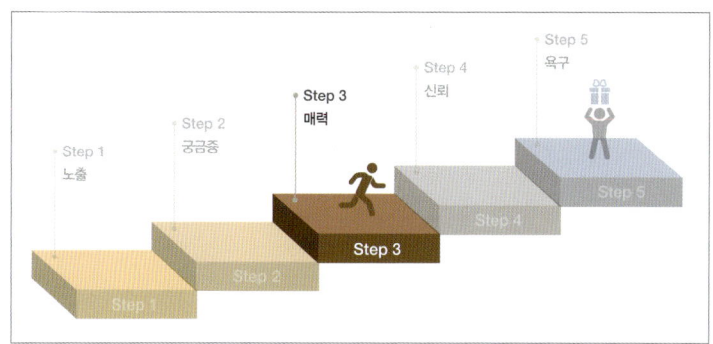

▲ 3단계 : 매력

광고를 하는 사람들은 판매를 위해서 가격만 할인해주면 많은 고객들이 올 것이라고 생각합니다. 그러나 고객 입장에서는 저렴한 정보만 알게 될 뿐, 가게의 어떠한 매력도 느낄 수 없습니다. 시중에는 우리 가게의 서비스와 비슷한 서비스를 제공하는 업체가 많습니다. 가격이라는 하나의 요소만으로 여러 경쟁 업체들 중에 선택을 받기란 결코 쉬운 일이 아닙니다. 다른 모든 업체에서 가격만을 언급할 때, 매력적인 요소를 추가적으로 보여줌으로써 경쟁에서 우위를 점해야 합니다.

앞서 매력적인 소식지를 쓰기 위한 세 가지 포인트를 살펴봤습니다. 여전히 할인 정보만 언급하고 있다면 세 가지 포인트에서 부족한 부분을 수정하고 보완해야 합니다. 이와 동시에 소식지를 작성할 때, 빼놓아서는 안 되는 한 가지 요소가 있습니다.

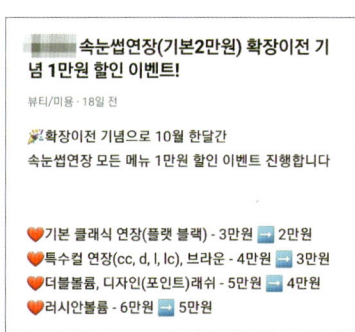

▲ 할인만 언급하는 소식지

바로 '스토리를 통한 공감대 형성'입니다. 우리 가게의 매력을 끌어올릴 수 있는 가장 핵심적인 방법입니다. 사람들은 자신의 이야기라고 생각할 때 귀 기울여 듣게 됩니다. 모두가 '속눈썹 할인 이벤트'에 대한 정보만 이야기할 때, 다음과 같이 스토리로 공감대를 형성해나간다면 어떨까요?

> 속눈썹 연장 시술을 받은 후, 눈썹이 빠지거나 이물감이 드는 것 때문에 고민이시죠? 저 역시 5년 전, 처음 속눈썹 시술을 받았을 때 속상했던 경험이 있어요. 이틀만 지났을 뿐인데 속눈썹이 빠져서 어떻게 해야 하냐고 물으니 추가로 돈을 더 지불해야 된다는 말만 했습니다. 진짜 그때는 기대가 컸던 만큼 돈만 날린 기분이었어요.

속눈썹 연장 시술을 받을 곳을 찾는 고객이라면 전자처럼 가격 정보만 있는 업체보다 자신이 고민하는 문제를 정확하게 공감하는 후자에 더 끌릴 수밖에 없습니다. 소식지에 쓸 수 있는 여러분만의 스토리는 어떤 것들이 있는지, 고객의 고민에 어떻게 공감을 표현할 것인지 정리해봅시다.

당근 타기팅 프로세스 네 번째 단계는 '신뢰'입니다. 모든 구매와 선택은 신뢰를 기반으로 결정됩니다. 간혹 친한 지인이 무언가를 판매한다고 할 때, 묻지도 따지지도 않고 구매한 경험이 있을 것입니다. 정확하게는 아는 사람이라서 팔아줬다기보다는

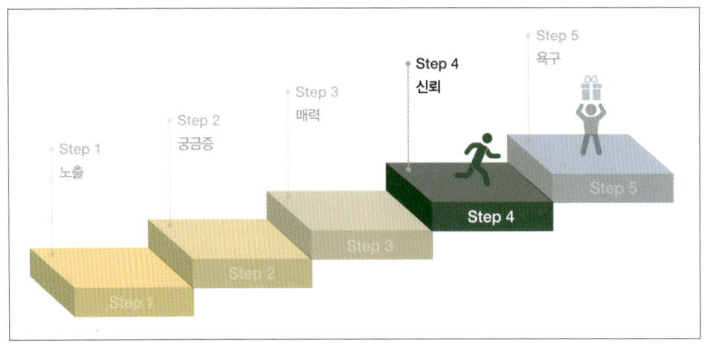

▲ 4단계 : 신뢰

이미 신뢰가 형성된 상태이기에 구매를 결정한 것입니다. 이와 반대로 여러분의 고객은 가게의 서비스를 처음 접하는 상황입니다. 어떠한 신뢰도 주지 않았는데 바로 우리 가게를 선택하는 사람이 있을까요? 소식지를 통해 충분한 매력을 보여준다 하더라도 한편으로는 '그걸 어떻게 믿어?'라며 의심할 수 있습니다.

신뢰의 문제를 해결하기 위해서 다른 이용자들의 말이 필요합니다. 가게의 후기부터 시작해서 SNS에 올라오는 리뷰, 언론에 노출된 기사 등을 통해 우리 가게의 서비스가 어떠한지를 알려줘야 합니다. 스스로 좋다고 홍보하는 100마디 말보다 실제 이용자의 한 마디 말이 더 신뢰를 줄 수 있습니다. 신뢰를 받기 위해서는 양질의 후기를 지속적으로 확보할 수 있어야 합니다. 서비스의 퀄리티를 높게 유지하는 것과 동시에 후기를 위한 액션을 취해야 합니다.

단, 신뢰를 얻기 위해서 단골과 후기를 구매하는 일은 경계해야 합니다. 당장의 신뢰를 위해서 고객을 속이는 행동은 결코 신뢰로 이어질 수 없습니다. 양질의 후기는 서비스에 대한 고객 만족을 통해 이루어져야 합니다. 가게의 모든 노력이 고객을 향할 때, 고객은 반드시 그 진정성에 보답할 것입니다.

지속적인 노력으로 단골과 후기가 쌓일수록 신뢰도 견고해집니다. 고객이 여러 업체를 비교할 때, 단골과 후기의 수가 영향을 줄 수 있습니다. 그러므로 후기는 써주면 좋고 안 써주면 어쩔 수 없는 것이 아니라 필수입니다.

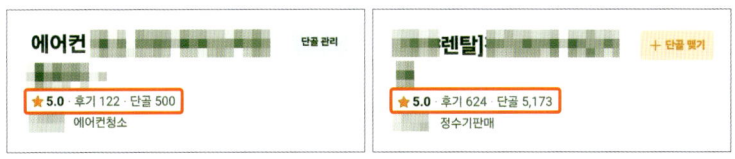

▲ 지속적으로 후기를 확보하는 업체들

신뢰를 줄 수 있는 또 한 가지 중요한 부분이 있다면 하나의 소식지를 꾸준히 광고하는 것입니다. 당근에서 소식지 광고를 하면 노출된 광고에 몇 건의 문의를 받았는지, 몇 명이 하트를 눌러 관심을 표현했는지가 함께 표시됩니다. 만약 정수기 렌탈이 필요한 사람에게 다음 두 개의 광고가 올라온다면 어디에 더 눈길이 갈까요? 아마 오른쪽에 있는 광고에 더 끌릴 것입니다. 그 이유는 노출된 광고에 포함된 반응 수 때문입니다.

▲ 반응 수가 적은 광고

▲ 반응 수가 많은 광고

사람들은 다른 사람들이 어떻게 하는지 보고 선택하는 경향, 즉 사회적 증거에 따라 행동합니다. 사회적 증거란 다른 사람들의 행동을 보고 그것을 정당화하거나 가이드로 삼아 결정을 내리는 심리적 현상을 말합니다. 무언가를 구매할 때, "요즘 잘 나가는 거예요."라는 말에 솔깃한 적이 있을 것입니다. 관심 있는 영상을 시청할 때도 조회수가 높은 것 위주로 찾아봅니다. 많은 사람들의 관심을 받은 것에는 이유가 있을 것이라 생각합니다. 마찬가지로 광고에 함께 노출된 관심과 채팅 반응을 보고 '무엇이길래 저렇게 잘나가지?' 하면서 한 번 더 살펴보게 됩니다. 하나의 소재를 만들고 광고를 시작했다면 반응이 쌓일 때까지 꾸준히 광고해서 신뢰를 더해가야 합니다.

당근 타기팅 프로세스 다섯 번째 단계는 '욕구'입니다. 신뢰의 문제가 해결되었다 할지라도 바로 구매로 이어지지는 않을 수 있습니다. 필자가 영업할 때 고객들이 자주 했던 말은 "좋은 건 알겠는데, 일단 조금 더 생각해보고 다음에 할게요."입니다. 가게 운영을 해본 사람이라면 선택을 나중으로 미루는 사람들을 많이 만나봤을 것입니다. 이때 우리가 취해야 할 전략은 손실 회피 심리를 활용하는 것입니다. 언제든 가질 수 있는 것이 아니므로 기회를 잃을 수 있음을 알려야 합니다. 쿠폰의 수량과 기간을 제한하는 것은 물론이거니와 고객 응대 시에도 이를 분명히 해야 합니다.

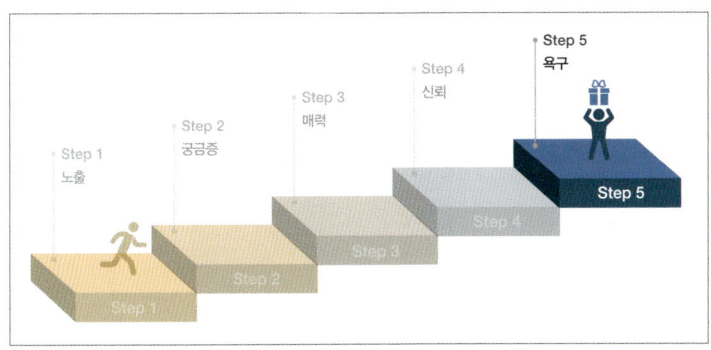

▲ 5단계 : 욕구

한 가지 사례가 있습니다. 체육관의 비즈프로필을 보고 문의한 고객이 "다음주에 가면 안 될까요?"라고 묻자, 체육관에서는 "저희는 언제든 열려 있죠."라고 답했습니다.

그 결과, 일주일이 지나도 고객은 아무런 연락도 없었으며 방문도 하지 않았습니다. 원할 때 언제든 갈 수 있기 때문에 굳이 빨리 선택할 필요가 없는 것입니다. 따라서 채팅 문의 답변을 할 때도 다음과 같이 이벤트 기한을 확실하게 제한하는 것이 좋습니다.

> "다음 주에 오시면 쿠폰 사용이 어려울 수 있어요. 체육관에서는 정규 인원만큼만 받고 있으며, 현재 문의가 많아 인원이 다 차면 원하는 시간에 못 하실 수도 있어요. 만약 원하신다면 미리 시간을 말씀해주세요. 그 시간을 빼놓을게요."

지금 하지 않으면 기회를 잃을 수 있다는 사실을 알아야 고객의 욕구가 자극됩니다. 따라서 채팅으로 응대할 때에도 기회가 곧 사라질 수 있음을 알려야 합니다. "다음 주에 오시면 쿠폰 사용이 어려울 수 있어요."라고 이야기하며 기한을 제한하고 그에 대한 사유를 밝혀야 합니다. 언제든 찾아오는 기회가 아닌 이번에만 제공할 수 있는 혜택을 만든다면 반응이 더 확실하게 나타날 것입니다.

여기까지가 당근 타기팅 프로세스 5단계입니다. 계속해서 강조하지만 고객은 아무런 이유 없이 움직이지 않습니다. 광고를 했는데 성과가 나지 않는다면 다섯 계단 중 어떤 부분이 부족한지 피드백해야 합니다. 다섯 계단이 모두 잘 채워진다면 문의는 자연스레 따라올 것입니다.

마케팅이 쉬워지는 당근 꿀팁!

광고 노출에 비해 문의가 적어요. 뭐가 문제일까요?

여러 곳에서 노출이 되고 많은 클릭이 일어났음에도 문의가 오지 않는 것은 고객이 그곳을 선택해야 할 이유를 모르기 때문입니다. 네일 숍을 운영하고 있다면 수많은 네일 숍 중에 왜 우리 가게에 와야 하는지를 명확하게 드러내야 합니다. 이를 위해 당근 타기팅 프로세스의 3~5단계를 확실하게 세팅해야 합니다. 일상에서 여러 가게 중 한 곳을 선택할 때, '사람들이 여기를 가는 이유가 다 있구나', '저기면 믿을 만하겠는데?', '이번에는 여기 가볼까?' 하고 생각해본 적이 있을 것입니다. 그런 가게는 여러분이 그곳을 쉽게 선택할 수 있도록 프로세스를 구축했다고 볼 수 있습니다.

지금도 여러분의 고객은 많은 업체 중 어디를 가야 할지 여전히 고민 중일 것입니다. 서비스가 더 좋은 업체를 선택하려 해도 잘 알지 못하기 때문입니다. 어렵게 찾은 가게의 서비스에 불만족하는 경우도 흔하게 볼 수 있습니다. 여러분의 서비스가 경쟁 업체보다 뛰어나다면 고객들은 여러분의 가게를 애타게 찾고 있을지 모릅니다. 고객이 쉽게 선택할 수 있도록 고객의 입장에서 바라보고 프로세스의 부족한 단계를 채워봅시다.

CHAPTER 7.
대행사가 이용하는 전문가 모드 활용하기

전문가 모드란 무엇인가요?

당근비즈니스의 광고 계정에는 간편 모드와 전문가 모드 두 가지가 있습니다. 여러분들이 만든 광고 계정은 간편 모드에 속합니다. 스마트폰으로 언제든지 쉽고 간편하게 이용할 수 있어서 간편 모드라고 부릅니다.

반면 전문가 모드는 휴대폰이 아닌 PC로만 접속이 가능하며 좀 더 정밀하게 광고를 할 수 있는 모드입니다. 전문 마케터와 대행사가 활용하기에 적합한 모드라 할 수 있습니다. 그럼에도 전문가 모드는 누구나 이용할 수 있기 때문에 이를 활용해서 광고 효율을 올릴 수 있습니다. 전문가 모드의 다양한 기능을 사용하지 않더라도 광고 효율을 올리는 용도만으로도 쓸 수 있습니다. 그럼 전문가 모드에는 어떤 기능이 있으며, 광고 효율을 높이기 위해 어떻게 사용할 수 있는지 알아보겠습니다.

전문가 모드 기능 살펴보기

전문가 모드에서는 [앱/웹사이트 방문 유도하기], [상품 판매 늘리기], [비즈프로필 알리기] 세 가지 광고가 가능합니다.

● 앱/웹사이트 방문 유도하기

[앱/웹사이트 방문 유도하기]는 사람들이 광고를 클릭할 때, 자신이 만든 앱 또는 웹사이트로 연결되는 광고입니다. [앱/웹사이트 방문 유도하기]는 앱을 홍보하거나 분명한 목적을 가진 랜딩페이지가 있는 경우에 사용할 수 있습니다. 랜딩페이지란 광고를 클릭했을 때 처음으로 나타나는 웹페이지를 말합니다. 랜딩페이지를 통해 제품 판매를 촉진하거나 '무료체험', '이벤트 신청' 등을 통해 정보를 수집할 수 있습니다.

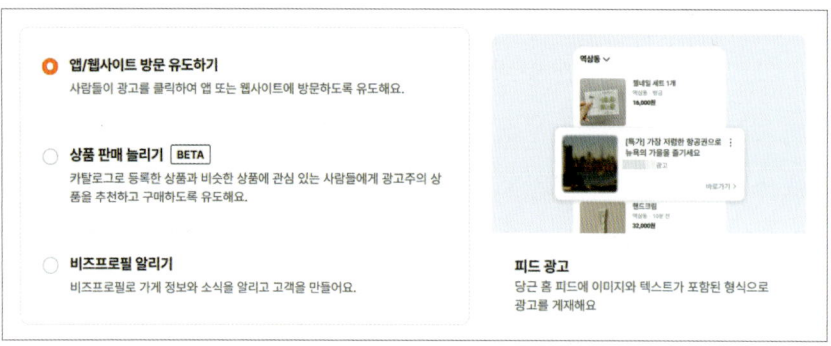

▲ 앱/웹사이트 방문 유도하기

● 상품 판매 늘리기

[상품 판매 늘리기]는 유저가 당근에서 키워드를 검색했을 때, 중고거래 게시글 사이에 등록한 상품이 노출되는 광고입니다. 자신만의 스토어가 있거나 온라인 판매를 하는 경우 활용할 수 있습니다. 광고를 하기 전, 먼저 상품 카탈로그를 등록한 후 진행해야 합니다. 만약 의자를 상품으로 등록하면 당근 유저들이 '의자'를 검색했을

때 중고로 올라온 의자 상품들 사이에 여러분이 올린 의자의 상품 페이지도 함께 노출됩니다. 직접 검색하는 사람들에게 노출되기에 효과적으로 구매를 유도할 수 있습니다.

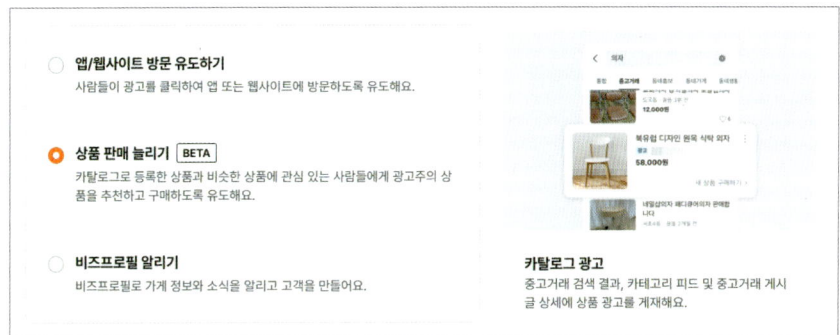

▲ 상품 판매 늘리기

● **비즈프로필 알리기**

[비즈프로필 알리기]는 기존에 간편 모드에서 진행했던 광고와 동일한 피드 광고입니다. 피드에 비즈프로필 또는 소식을 노출할 수 있습니다. 광고를 세팅할 때 간편 모드에 비해 더욱 정밀하게 설정할 수 있습니다. 간편 모드로 진행할 때는 지역, 성별, 연령 정도만 정할 수 있었다면, 전문가 모드는 관심사를 추가하고 입찰가를 세

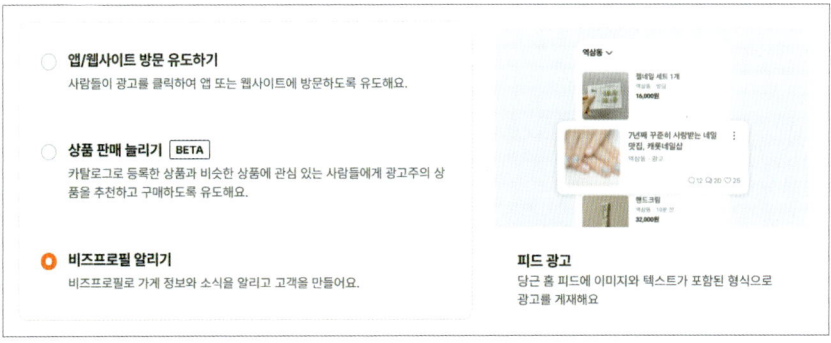

▲ 비즈프로필 알리기

대행사가 이용하는 전문가 모드 활용하기 • CHAPTER 7 • 171

팅할 수 있습니다. 또한 캠페인, 광고그룹, 소재 단위로 나누어서 여러 개의 광고를 효율적으로 관리하고 운영할 수 있습니다.

캠페인, 광고그룹, 소재 이해하기

전문가 모드에서 세팅할 수 있는 광고는 [캠페인], [광고그룹], [소재] 세 가지로 구분되어 있습니다. 전문가 모드를 처음 접하면 뭐가 뭔지 헷갈릴 수 있습니다. 쉽게 설명하자면 [캠페인]은 전체적인 목표라고 보면 됩니다. 하나의 [캠페인]에서 여러 개의 [광고그룹]과 [소재]를 설정할 수 있습니다. [광고그룹]에서 맞춤 타깃을 정하고, [소재]에서 노출될 광고의 제목과 섬네일을 만듭니다. 먼저 전문가 모드에서 할 수 있는 광고 세 가지 중 한 가지를 선택하여 목표를 정합니다. [비즈프로필 알리기]를 선택하여 다음 [광고그룹]으로 넘어갑니다.

▲ 캠페인

[광고그룹]은 광고를 할 때 어떤 타깃에게 광고를 보여줄지 정하는 모임이라 볼 수

있습니다. 광고 세팅을 할 때 한 개의 [광고그룹]만 만드는 것이 아니라 여러 개의 [광고그룹]을 만들어서 진행할 수 있습니다. 예를 들어, 20대 광고그룹과 30대 광고그룹을 나누어서 광고하여 효율을 비교할 수 있습니다. 필요에 따라 지역, 성별, 연령, 관심사까지 나누어서 여러 개의 [광고그룹]을 만들어 진행할 수 있습니다. [광고그룹]을 복제함으로써 보다 간편하게 광고를 세팅할 수 있습니다.

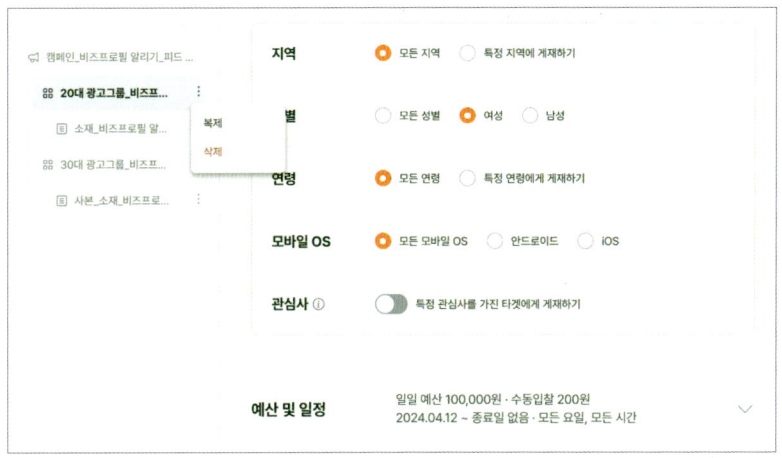

▲ 광고그룹

[소재]는 광고로 노출될 이미지와 제목입니다. [소재]도 [광고그룹]과 마찬가지로 복제하여 사용할 수 있습니다. 다음 이미지처럼 [광고그룹]에서 관심사 타깃을 '부동산'으로 설정하고, 20대, 30대, 40대로 나누어 그룹을 만들었습니다. 30대 그룹의 첫 번째 [소재]의 제목에는 '30대 신혼 부부를 위한 방3 화2 아파트'로 했습니다. 다음 [소재]는 이와 다른 제목과 이미지를 쓸 수 있습니다. [소재]마다 제목과 이미지를 다르게 사용함으로써 광고를 테스트할 수 있습니다. 여러 개의 [소재]를 만드는 이유는 가장 효율이 좋은 광고를 찾기 위함입니다. 테스트를 통해서 각 연령별로 얼마나 효율적인지, 각 [소재] 중에 어떤 것이 가장 반응이 좋았는지 확인할 수 있습니다.

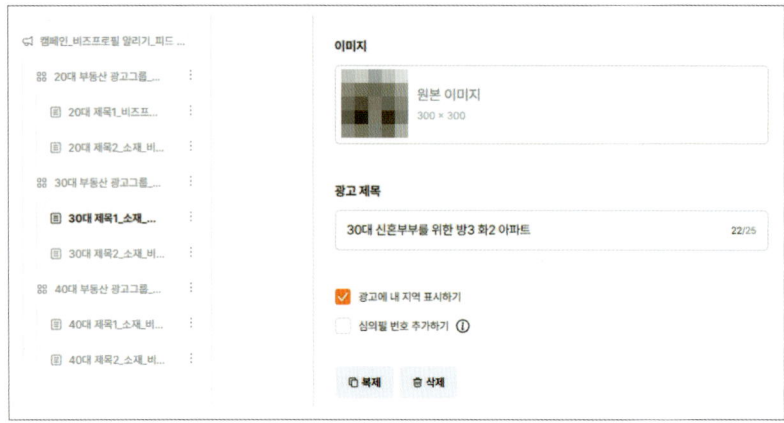

▲ 소재

상세 타기팅을 설정해 광고 효율 높이기

전문가 모드의 장점은 관심사 타깃을 설정할 수 있다는 점입니다. 관심사 타깃을 설정한다고 해서 무조건 간편 모드보다 좋다고 말할 수는 없습니다. 그러나 일부 업종 또는 전국적인 범위로 광고를 할 때는 관심사 타깃을 통해 광고 효율을 올릴 수 있습니다.

예를 들어, 부동산에서 간편 모드로 광고를 했더니 클릭률이 0.85%에 클릭당 비용이 430원 나왔습니다. 당근 유저에게 노출이 되었지만 타깃이 성별과 연령만 지정되었기에 효율이 많이 떨어질 수 있습니다. 이때 전문가 모드로 관심사를 설정하여 활용할 수 있습니다.

▲ 간편 모드의 클릭당 비용

관심사를 활성화하면 다양한 관심사가 표시됩니다. 다음과 같이 [부동산]에 체크하면 평소에 부동산에 관심이 있었던 유저에게만 노출이 됩니다. 만약 농수산업으로 식품을 판매하는 경우라면 [음식]을 체크하여 설정할 수 있습니다. 그러면 평소에 음식과 관련된 게시글을 클릭하거나 관련된 키워드를 검색한 유저에게 노출이 되기 때문에 광고 효율이 올라갑니다.

▲ 관심사 [부동산] 설정

실제 전문가 모드에서 관심사를 [부동산]으로 설정하여 광고를 했더니 클릭률이 3.86%에 클릭당 비용은 126원이 나왔습니다. 이전의 광고와 비교하면 약 세 배가량 클릭당 비용이 줄었습니다. 광고 효율이 올라간 이유는 평소에 부동산과 관련된 소재를 클릭한 유저들 위주로만 노출이 되었기 때문입니다. 이처럼 전문가 모드는 꼭 마케터나 대행사가 아니더라도 일부 업종의 경우 관심사 타깃을 광고 효율을 높이는 데 활용할 수 있습니다.

2,876	2,873	96	3.34%		113
2,824	2,820	112	3.97%		110
3,333	3,328	155	4.66%		120
3,675	3,674	179	4.88%		128
3,936	3,933	148	3.77%		150
3,517	3,515	105	2.99%		193
61,479회 총 노출 수	46,541명 총 도달 수	2,372회 총 클릭 수	3.86% 총 클릭률		**126원** 총 클릭당 비용

▲ 전문가 모드의 클릭당 비용

전문가 모드 활용하기

마케팅이 처음이라면 먼저 간편 모드로 광고를 익힌 후 전문가 모드를 해보기를 권합니다. 전문가 모드는 PC로만 가능하며 추가로 광고 계정을 만들어야 합니다. 방법은 다음과 같습니다.

01_ 당근비즈니스 홈페이지(business.daangn.com)에 접속합니다. [시작하기]를 클릭한 후 QR 스캔을 통해 로그인합니다.

▲ 당근비즈니스 페이지

02_ [+새 광고계정]을 클릭합니다.

03_ 전문가 모드의 [시작하기]를 클릭합니다.

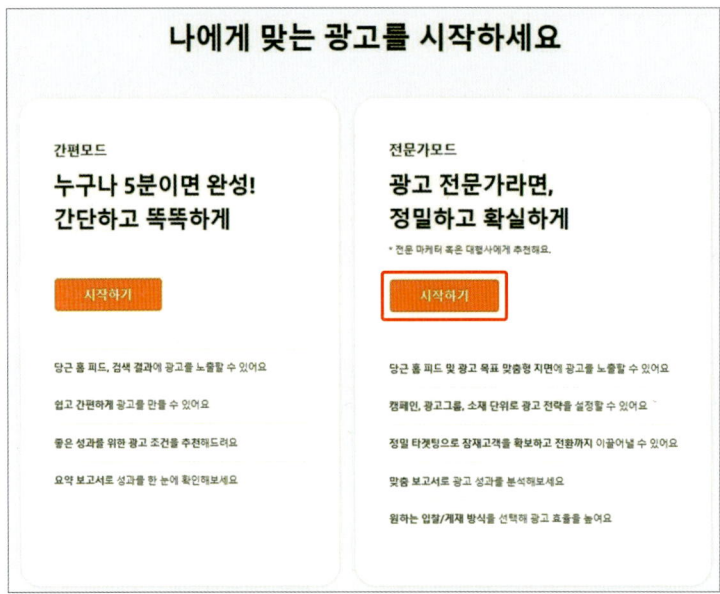

04_ 입력란에 [광고계정 이름]과 [광고주 사업자 등록번호]를 입력하고, [다음]을 클릭해 추가사항을 입력하면 전문가 모드 광고 계정이 생성됩니다.

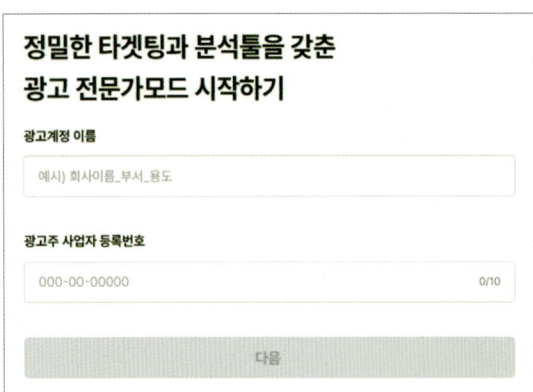

> **마케팅이 쉬워지는 당근 꿀팁!**

전문가 모드 입찰가는 얼마로 설정해야 하나요?

전문가 모드에서는 예산을 설정할 때 입찰가를 정해야 합니다. 입찰가란 마치 경매에서 좋은 물건을 사기 위해 다른 사람과 가격 경쟁을 하는 것과 같습니다. 광고가 더 많이 노출되기 원한다면 다른 광고주보다 더 높은 금액을 제안해야 합니다. 즉, 입찰가에 따라서 광고 노출 순위가 바뀔 수 있습니다. 예를 들어, 많은 업체들이 광고한다고 했을 때, A 업체가 100원, B 업체가 300원이라면 입찰 금액에 따라 B 업체의 광고가 더 많이 노출됩니다. 그에 따른 A 업체의 노출은 조금밖에 일어나지 않습니다.

▲ 입찰가 설정하기

입찰가를 정할 때는 다음과 같이 여러 개의 입찰가를 정해서 테스트를 해보는 것이 좋습니다. 만족할 만큼 노출이 잘되는 비용으로 입찰가를 정하면 됩니다. 경쟁이 심한 경우 금액을 조금씩 늘려가면서 테스트해야 합니다.

	입찰가	비용 (VAT 포함)	노출 수	도달 수
웹 사이트 방문 유도하...	100원	770	105	57
사이트 방문 유도하기 피...	250원	61,820	4,118	1,410
문 유도하기 피드 광고...	200원	41,360	9,182	4,938

▲ 입찰가 테스트

CHAPTER 8.
잠재고객을 확보하는 설문지 활용법

업종에 따라서 잠재고객의 정보를 알고 활용한다면 매출에도 긍정적인 영향을 줄 수 있습니다. 특히 1대1 서비스를 하는 업종이라면 더욱 큰 가치를 가집니다. 팬데믹 시기에 필자도 고객DB를 통해 매출을 만들었습니다.

고객DB를 확보하는 이유

간혹 무료체험 광고를 클릭하면 개인정보 입력란이 나올 때가 있습니다. 고객은 무료체험을 받기 위해 간단한 정보를 입력하는 것이지만, 업체에게는 매출 연결의 기회로 이어질 수 있습니다. 한 번의 체험만으로 끝나지 않고 추가 결제를 이끌어내기 때문입니다. 무료체험을 제공함으로써 방문을 유도하는 것입니다. 고객은 현장에서

• DB(Data Base) : 고객의 데이터베이스를 의미하는 것으로 이름, 연락처, 주소, 이메일, 기타 사항 등이 포함된 고객 정보를 의미합니다.

▲ 고객DB를 확보하기 위해 무료체험 광고 진행

체험을 통해 서비스를 이용해야 하는 이유를 확실하게 알게 되며, 이러한 경험이 매출 연결의 기회를 발생시킵니다. 무료 서비스를 제공하는 업체가 자선단체는 아닙니다. 시중에서 진행되는 모든 무료체험 서비스는 새로운 매출의 기회를 만들기 위해 진행합니다.

2020년 코로나19 바이러스가 기승을 부려 어떤 가정집에서도 외부인을 자신의 집에 들이기를 꺼려했습니다. 그로 인해 고객의 집에 직접 방문하여 서비스를 제공하는 많은 업체들이 어려움을 겪었습니다. 하지만 필자는 '코로나 극복 무료 홈케어 서비스' 이벤트를 진행하면서 무료체험 신청을 받았고, 덕분에 상황은 반전되었습니다. 신청서에 들어온 정보를 통해 고객과의 만남이 자연스럽게 이루어졌기 때문입니다. 이는 곧 매출로 연결되었습니다.

이처럼 무료체험 서비스를 통한 고객DB를 활용하면 고객과의 만남을 늘릴 수 있습니다. '무료 탈모 케어 이벤트', '1대1 무료 PT', '재활 필라테스 1회 체험' 등 다양한 형태의 무료체험은 새로운 매출의 기회를 열어줍니다. 이용해본 적 없이 한번에 고가의 금액을 결제하는 것은 고객에게 부담이 될 수 있습니다. 그러나 직접 이용한 후 서비스가 마음에 들었을 경우에는 예상 밖의 지출도 기꺼이 하게 됩니다.

고객DB 확보를 위한 설문지 만들기 LESSON >

고객DB를 확보하기 위해서는 먼저 설문지를 만들어야 합니다. 직접 페이지를 만들지 않고도 구글 드라이브를 활용하면 쉽고 간편하게 설문지를 만들 수 있습니다. 지금부터 구글 페이지를 통해 고객DB 확보를 위한 신청서를 만들어보겠습니다.

01_ 구글(google.com) 사이트에 로그인한 다음, 우측 상단의 [Google 앱] ⋮⋮⋮ 클릭 - [드라이브]를 클릭합니다.

02_ 왼쪽 상단 [+신규]를 클릭하고 [Google 설문지]를 클릭합니다.

03_ [제목 없는 설문지]가 만들어집니다. [제목]과 [설문지 설명]을 수정합니다.

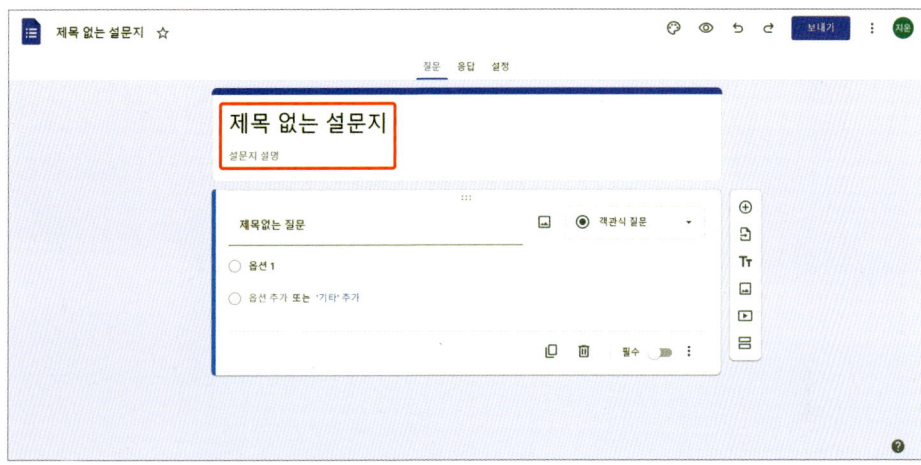

04_ [제목]은 '○○체험 신청서'와 같이 자신이 제공하는 서비스 명을 앞에 붙입니다. [설문지 설명]에는 개인정보를 신중히 취급한다는 문구와 함께 제공되는 체험권에 대한 설명을 작성합니다.

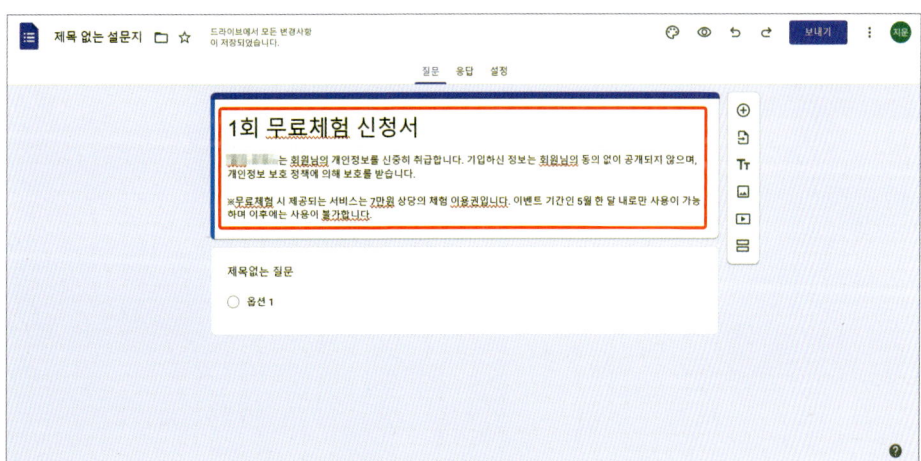

05_ 첫 번째 질문은 선택사항이 아니므로 [객관식 질문]을 클릭해 항목을 변경합니다.

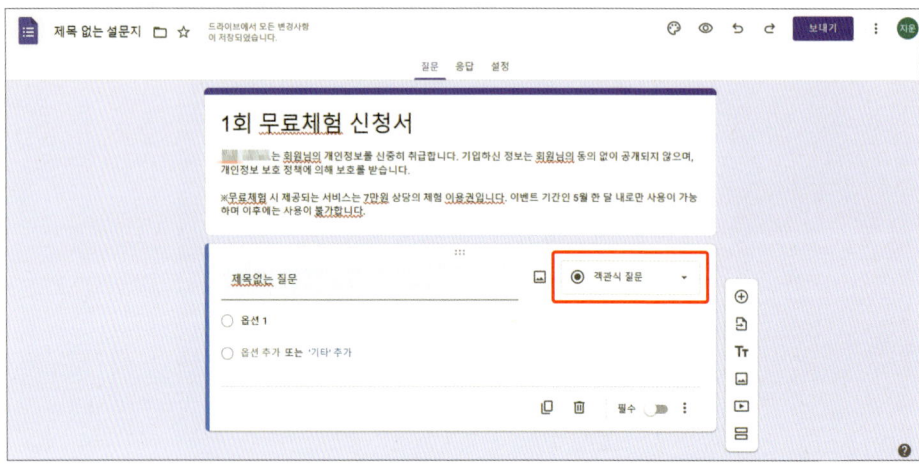

06_ 설문지의 첫 항목은 [단답형]을 선택합니다.

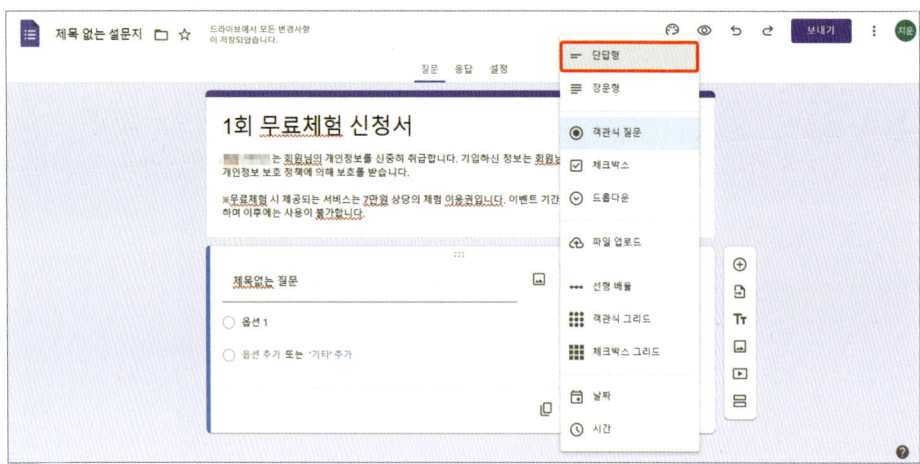

07_ ❶'제목 없는 질문'을 이름으로 수정하고, ❷우측 하단의 [필수] 버튼을 활성화합니다.

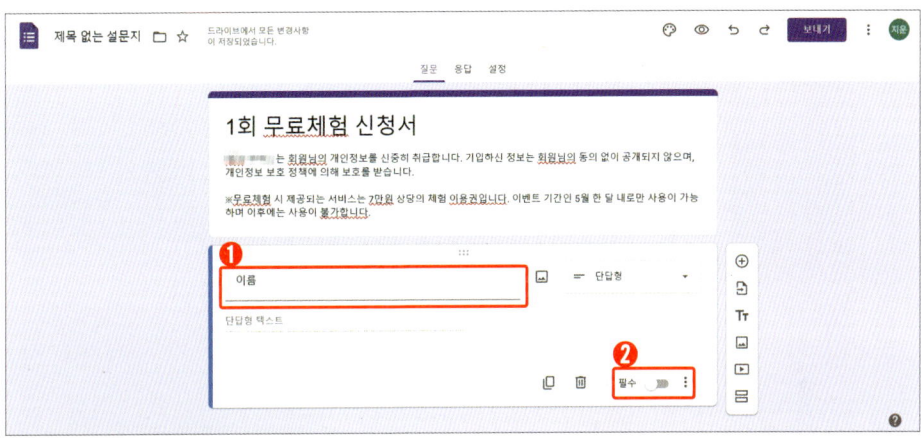

[필수] 버튼을 활성화하지 않을 경우, 고객이 기입하지 않고도 질문을 넘어갈 수 있습니다. 따라서 필요한 모든 항목에 대해서는 [필수] 버튼을 활성화해야 합니다. 하단의 [복사]를 클릭하면 한 개의 항목이 동일하게 추가됩니다.

08_ 추가된 항목의 제목은 연락처로 변경합니다. 이와 같이 필요한 항목을 하나씩 추가합니다. 주소, 이메일, 현재 하는 일, 서비스가 필요한 이유 등의 항목을 추가해서 활용할 수 있습니다. 더 나아가 고객의 니즈를 알기 위해서 [체크박스] 항목을 이용할 수 있습니다.

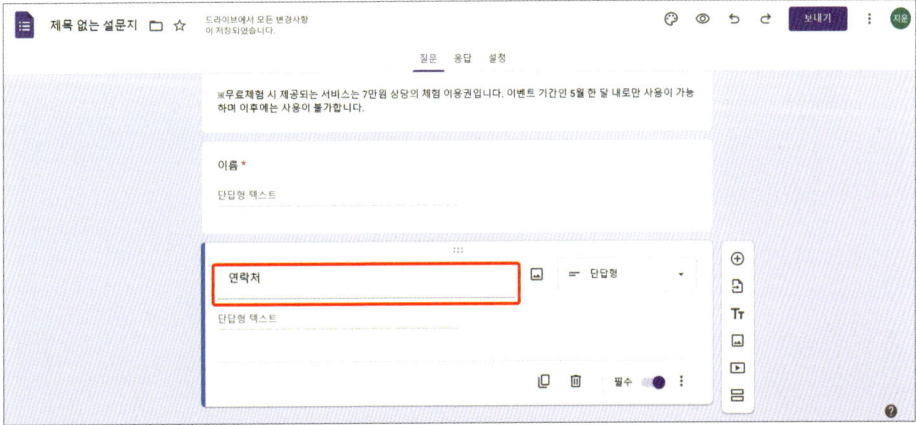

09_ [단답형]을 클릭해 [체크박스] 항목을 선택합니다.

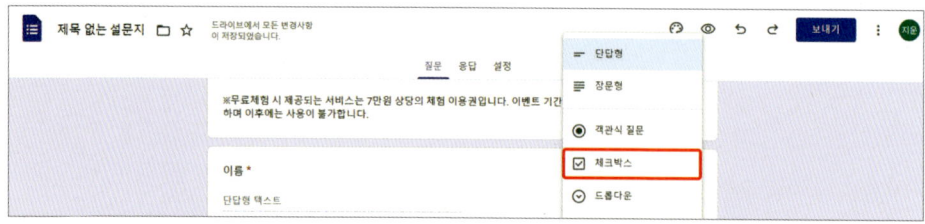

10_ '제목'을 '해당사항(중복체크 가능)'으로 수정합니다. 먼저 얻고 싶은 정보가 무엇인지 고민해봅니다. 주로 고객의 불편사항을 체크박스 항목으로 만드는데, 이는 고객의 니즈를 파악하는 데 도움이 됩니다. 체크박스의 [옵션 추가]를 클릭하면 새로운 옵션이 추가됩니다.

💡 당근코치의 찐 노하우!

예를 들어, 알레르기와 관련된 상품 또는 서비스를 판매하고 있다면 비염, 아토피, 천식 등의 옵션을 넣음으로써 고객의 니즈를 쉽게 확인할 수 있습니다. 탈모 무료케어를 한다면 M자 이마, 높은 이마, 전체 이마, 정수리 등의 옵션을 넣을 수 있습니다. 재활 필라테스 체험이라면 목, 어깨, 허리, 골반 등의 옵션을 정하여 불편한 부위를 사전에 파악할 수 있습니다.
우리가 혜택을 제공함으로써 고객DB를 받는 것은 그저 연락을 취하는 것이 목적이 아닙니다. 고객의 구매 의사를 파악하고 매출로 연결시키기 위함입니다. 고객의 고민이 무엇인지, 어떤 점이 불편한지를 알 수 있다면, 이 부분을 공략하여 구매 전환율을 높일 수 있습니다.

11_ 마지막으로 항목을 추가하여 ❶[객관식 질문]을 클릭한 다음 ❷'제목'을 '개인정보 수집 동의'로 변경합니다. ❸첫 번째 옵션 제목을 동의로 바꿉니다. ❹우측 하단의 더보기 ⋮를 클릭한 다음 ❺[설명]을 추가합니다.

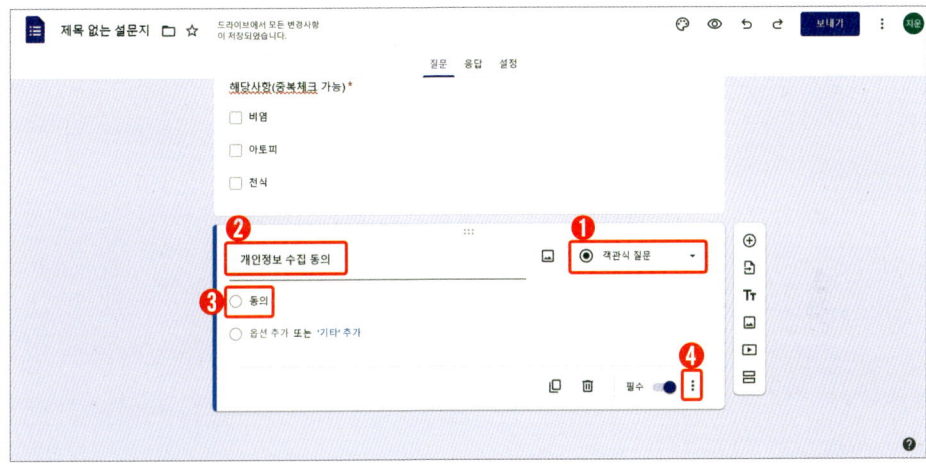

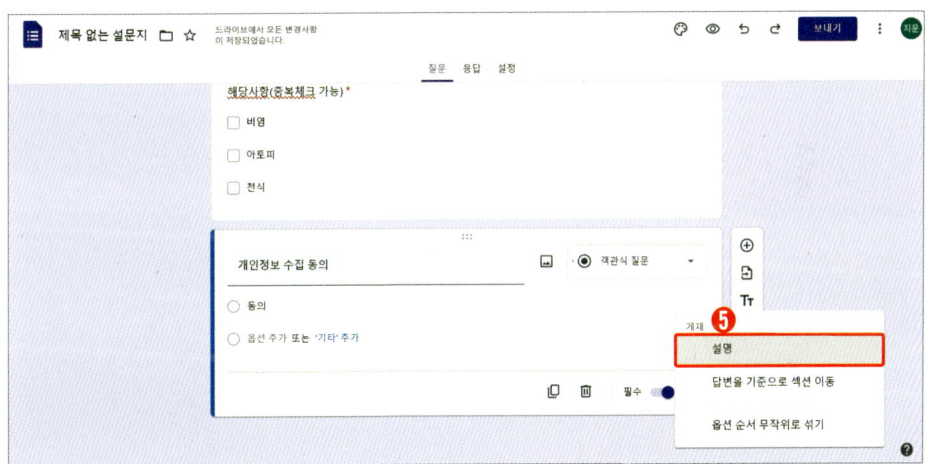

12_ 설문지 신청서는 개인정보를 받는 것이므로 '개인정보 수집 및 이용 동의'에 대한 설명을 반드시 넣고 동의를 받아야 합니다.

13_ ❶모든 항목이 완료되었으면 오른쪽 상단의 [보내기]를 클릭합니다. ❷링크 아이콘을 클릭하면 설문지에 대한 링크가 만들어집니다. ❸[URL 단축]을 클릭하여 링크의 길이를 줄입니다. 만들어진 링크를 복사한 다음, 자신의 메일 또는 PC 공간에 저장합니다. 저장된 링크는 무료체험 서비스와 같은 이벤트를 진행할 때 활용할 수 있습니다.

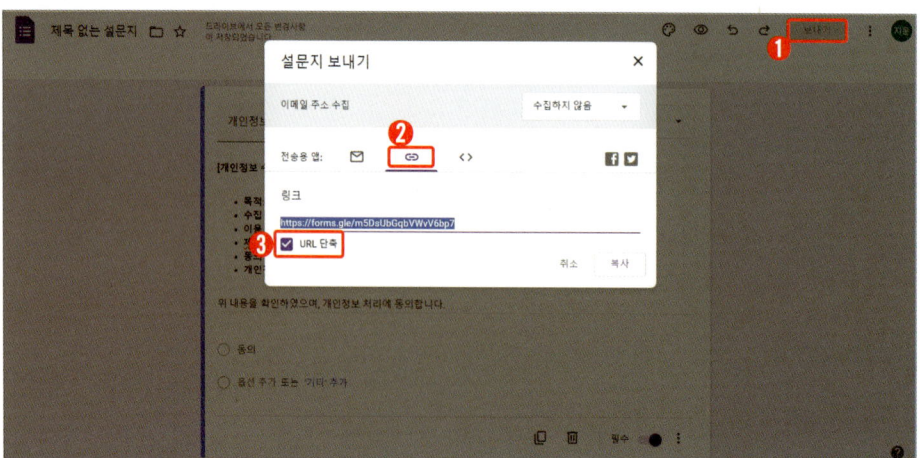

고객 문의를 통해 설문지 작성 유도하기

완성된 신청서를 활용하기 위해서는 먼저 고객에게 신청 문의가 오도록 만들어야 합니다. 소식지의 마지막 부분에 신청 방법을 안내하는 문구를 삽입함으로써 고객의 요청을 유도할 수 있습니다. 다음과 같이 작성해봅니다.

> **무료체험 신청 방법**
> 1. 댓글로 '신청'이라고 남겨주세요.
> 2. 신청하신 분들은 반드시 채팅을 통해 '무료체험 신청해요.'라고 남겨주세요.
> ※ 채팅으로 신청 안내를 받으셔야만 이벤트 혜택을 받을 수 있습니다.

당근 채팅을 통해 신청 메시지가 오면 고객에게 안내 멘트와 함께 신청폼(링크)을 공유합니다. 고객이 설문지 작성을 완료하면 고객DB가 확보됩니다. 고객에게 신청서를 받은 후 되도록이면 1~2일 이내로 연락을 하는 것이 좋습니다. 연락이 늦어질 경우, 그 사이 다른 곳을 통해 문제를 해결하거나 시간이 지나 잊어버릴 수 있기 때문입니다.

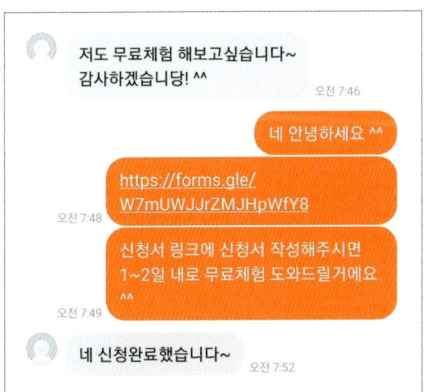

고객에게 받은 설문지 한눈에 확인하기

이벤트를 진행하면서 신청서를 많이 받게 되면 하나하나 확인하는 것이 어려워질 수 있습니다. 이때, 설문지의 [응답]을 클릭한 다음, 우측 상단의 [Sheets에서 보기]를 클릭하면 스프레드 시트에서 고객 정보를 한눈에 확인할 수 있습니다.

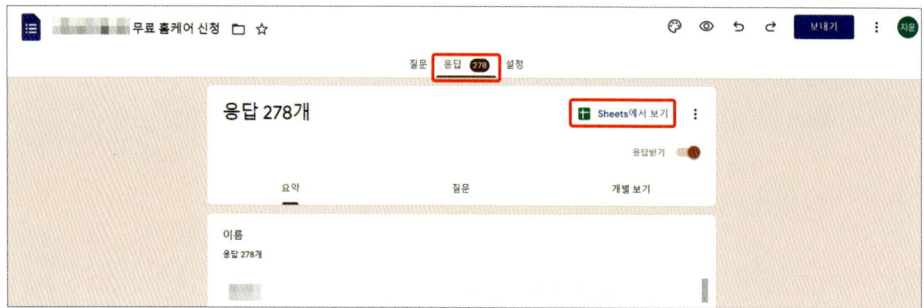

스프레드 시트에는 고객이 신청한 날짜와 시간부터 고객이 응답한 모든 항목이 정리되어 있습니다. 해당 시트로 고객 정보를 쉽게 확인할 수 있을 뿐만 아니라 기록하는 데도 쓸 수 있습니다. 고객과 연락 또는 대면 후 특이사항을 스프레드 시트의 새로운 열에 메모로 남겨놓을 수도 있습니다.

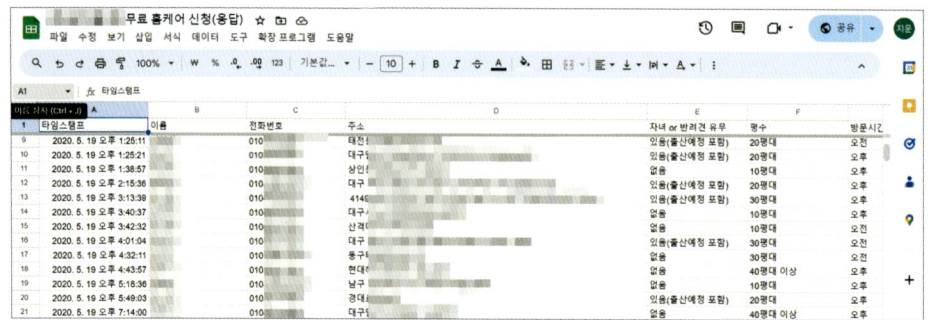

마케팅이 쉬워지는 당근 꿀팁!

설문지를 활용할 수 있는 또다른 방법이 있을까요?

사업에 있어서 가장 중요한 한 가지가 있다면 바로 고객의 피드백입니다. 설문지를 통해 고객의 피드백을 얻을 수 있습니다. 서비스에 대한 만족도 또는 새로운 상품에 대한 의견 등을 듣기 위해 설문지를 활용하면 됩니다. 설문지 작성을 유도하고 고객의 의견을 듣기 위해서 소정의 선물을 제공하는 '고객 만족도 조사 이벤트'를 진행하는 것도 좋은 방법입니다. 응답한 내용을 토대로 현재 이용 중인 서비스의 개선점을 파악하고 새로운 상품의 선호도를 확인할 수 있습니다.

CHAPTER 9.
마케팅 초보자를 위한 챗GPT 활용법

챗GPT란 무엇인가요?

지금까지 당근 타기팅 프로세스를 통해 고객의 마음을 움직이는 방법을 배웠습니다. 마케팅을 처음 한다면 소식지 글을 쓰는 것이 서툴고 어렵게 느껴질 수 있을 것입니다. 이때 챗GPT를 활용함으로써 소식지를 더욱 빛나게 만들 수 있습니다.

챗GPT는 유저가 던지는 다양한 질문에 친절하고 명확한 답변을 제공하는 인공지능 프로그램입니다. 많은 책, 기사, 웹사이트에서 얻은 방대한 정보를 바탕으로 학습하여 만들어졌으며, 유저의 질문에 대한 핵심적인 내용만 추려서 답변합니다. 마케팅뿐만 아니라 일상 업무 처리, 개인적인 고민 해결 등 다양한 영역에서 유용하게 활용할 수 있습니다.

챗GPT를 이용하기 위해서 사이트(chatgpt.com)에 접속합니다. 챗GPT를 이용하려면 회원 가입은 필수입니다. 왼쪽 하단의 [회원 가입]을 클릭하여 회원 가입한 후 로그인을 합니다. 처음이라면 GPT-3.5에 액세스가 가능하다는 문구가 뜹니다. 챗GPT 3.5 버전은 무료로 사용할 수 있으며, 다양한 주제에 대해 상세한 답변을 제공합니다. 한 단계 업그레이드한 버전은 GPT 4o(옴니)의 제한적 이용(무료)이 가능해 집니다. 챗GPT를 처음 사용한다면 무료인 3.5로 시작해보고, 필요에 따라 4.0으로 업그레이드하여 쓰면 됩니다.

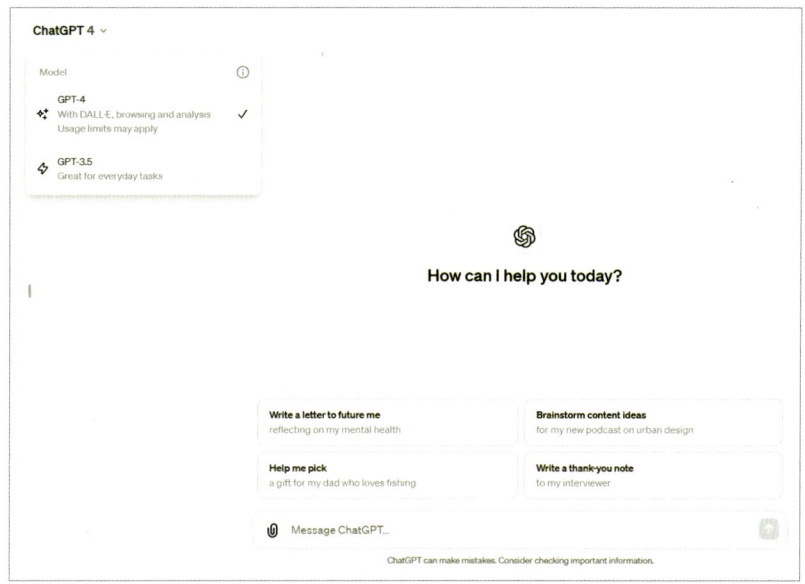

챗GPT로 고객의 고민 찾기

소식지를 작성하기 위해서 가장 먼저 고객이 가진 고민이 무엇인지 확실하게 정리해야 합니다. 정리가 잘 되지 않는다면 챗GPT에게 질문함으로써 고객의 고민을 정리할 수 있습니다. 질문은 명확하고 구체적으로 해야 합니다. "속눈썹 숍을 방문하려는 고객의 고민을 정리해줘."라고 질문한다면 인공지능이 어떤 상황인지 인지하지 못한 상태이기에 원하는 답을 한 번에 얻지 못할 수 있습니다. 원하는 결과를 얻기 위해서는 상황 설명과 함께 질문을 구체적으로 해야 합니다.

"나는 속눈썹 숍을 운영 중이야. 고객에게 쓸 소식지를 정리하려고 해. 그런데 고객이 어떤 고민을 가지고 있는지 모르겠어."와 같은 식으로 질문자의 상황을 알려줍니다. 다음으로 묻고 싶은 말인 "속눈썹에 관심을 가지고 있는 고객의 고민 다섯 가지만 정리해줘."라고 질문합니다.

> 속눈썹 샵을 운영 중인데, 고객에게 쓸 소식지를 정리하려고 해. 그런데 고객이 어떤 고민을 가지고 있는지 모르겠어. 속눈썹에 관심을 가지고 있는 고객의 고민 5가지만 정리해줘.

▲ 속눈썹 관련 고민 질문

이에 대한 챗GPT의 답변은 다음과 같습니다. 놀라울 정도로 상세히 설명해줍니다.

> 1. **속눈썹의 건강과 유지**
>   고객들은 자신의 속눈썹이 건강하고 자연스러워 보이기를 원합니다. 속눈썹 연장이나 펌 시술 후에도 속눈썹이 손상되지 않고 오래 유지되길 바라며, 이를 위해 어떤 관리 방법이 필요한지, 어떤 제품을 사용해야 하는지에 대한 정보를 원합니다.
>
> 2. **알러지 반응 및 민감성 피부 고려**
>   특히 민감성 피부나 알러지가 있는 고객은 속눈썹 연장이나 펌 제품이 피부에 자극을 주지 않을지 걱정합니다. 이들은 사용되는 접착제나 기타 화학제품의 성분을 꼼꼼히 확인하고자 하며, 안전한 시술을 받기 위해 노력합니다.
>
> 3. **시술 후 관리 및 일상 생활**
>   시술 받은 후의 관리 방법도 고객들이 자주 고민하는 부분입니다. 속눈썹 연장이나 펌을 한 후에 어떻게 관리해야 하는지, 물이 닿거나 화장을 하는 것이 가능한지, 어떤 화장품은 사용해도 되는지 등의 구체적인 정보가 필요합니다.
>
> 4. **자연스러운 느낌 유지**
>   많은 고객들이 속눈썹 시술 후에도 자연스러운 느낌을 유지하고 싶어합니다. 속눈썹이 너무 인위적이거나 두껍게 보이는 것을 원하지 않기 때문에, 시술 선택 시 자신의 눈매에 어울리는 스타일과 길이를 고민하게 됩니다.
>
> 5. **가격 대비 효과 및 지속성**
>   시술의 가격이 합리적인지, 그리고 그 효과가 오래 지속될지에 대한 고민도 많습니다. 고객들은 비용을 지불하는 만큼의 결과를 얻기를 원하며, 시술의 지속 기간과 관련하여 자주 질문합니다.
>
> 이러한 고민들을 해결해주기 위한 구체적인 정보와 조언을 소식지에 포함시키면 고객들의 신뢰를 얻고, 만족도를 높일 수 있을 것입니다. 소식지에 이런 내용들을 담아 고객들에게 도움이 되는 팁과 조언을 제공해보세요.

▲ 질문에 대한 챗GPT 답변

다섯 가지 답변 중 원하는 타깃의 고민에 가장 가깝다고 생각되는 것을 선택해서 카피를 씁니다. 2번 '알러지 반응 및 민감성 피부 고려'를 고민으로 정한다면 다음과 같이 공감 포인트를 잡아 카피를 작성할 수 있습니다.

> • 마지막에 했던 속눈썹 펌 때 눈이 너무 가려웠는데, 이번에도 그럴까?
> • 속눈썹 연장 후 눈물이 자꾸 나는데 괜찮은 걸까?

고민에 이어서 소식지까지 카피라이팅해달라고 부탁할 수도 있습니다. 하지만 이 방법은 추천하지 않습니다. 마케팅은 직접 고민하고 연습해야만 실력이 쌓이기 때문입니다. 인공지능에게 모든 것을 맡기면 발전할 수 없습니다. 인공지능은 도구로서의 역할을 할 때 가장 효과적입니다. 유저는 이를 창의적으로 활용하여 자신의 역량으로 보완해야 합니다.

챗GPT를 활용하여 광고 제목 만들기

광고 제목도 먼저 스스로 만드는 연습을 한 후에 챗GPT를 활용해야 합니다. 챗GPT를 통해 질문하면 제목을 쉽고 간편하게 만들 수 있습니다. '궁금증 자극, 공감대 형성, 수치 사용' 세 가지 조건으로 제목을 만들어 달라고 명령합니다.

> 속눈썹 고민하는 사람들을 대상으로 광고를 만들려 해. "궁금증을 자극, 공감대 형성, 수치 사용"이 조건으로 제목을 3가지 만들어줘.

▲ 광고 제목 관련 질문

질문에 대한 답변으로 세 개의 제목이 생성되었습니다. 마음에 드는 제목이 있다면 수정해서 사용하고, 없다면 또 다시 구체적인 조건과 함께 질문을 합니다. 당근비즈니스에서는 광고 제목을 30자 내외로 써야 하므로 답변 받은 제목 중 필요한 것을 줄여서 사용합니다.

> **ChatGPT**
> 속눈썹 관련 고민을 가진 사람들을 대상으로 광고를 제작할 때, 궁금증을 자극하고 공감대를 형성하며, 구체적인 수치를 사용하는 것은 매우 효과적인 접근 방법입니다. 이를 통해 관심을 끌고 메시지에 신뢰성을 부여할 수 있습니다. 다음은 그러한 조건을 충족하는 광고 제목 세 가지입니다:
>
> 1. "매일 90%의 여성이 속눈썹 고민을 해결 못 하고 있습니다. 당신도 그중 하나인가요?"
>   - 이 제목은 고객이 자신도 모르게 겪고 있을 법한 일반적인 문제에 대해 수치를 제시함으로써 공감대를 형성하고, 자연스럽게 솔루션을 찾게 만듭니다.
> 2. "당신의 속눈썹이 3주 안에 변할 수 있다면? 전문가의 비밀을 공개합니다!"
>   - 시간적인 제한과 구체적인 기대치를 설정하여 급속한 효과를 암시하며, 궁금증을 자극하여 고객이 더 많은 정보를 원하게 만듭니다.
> 3. "왜 95%의 고객이 우리의 속눈썹 서비스를 다시 이용할까요? 직접 경험해 보세요!"
>   - 높은 재이용률의 수치를 통해 서비스의 품질과 고객 만족도를 강조하며, 새로운 고객이 시도해 보길 유도하는 궁금증을 제기합니다.
>
> 이러한 제목들은 각각 고객의 관심을 끌고, 문제에 대한 공감을 불러일으키며, 서비스의 효과와 품질에 대한 신뢰를 구축하는 데 도움을 줄 것입니다.

▲ 질문에 대한 챗GPT 답변

앞의 제목을 활용해서 다음과 같이 광고 제목으로 쓸 수 있습니다.

- 90%의 여성 속눈썹 받자마자 또 고민…
- 속눈썹 3주 안에 변화 안 되면 하지 마세요.
- 95%의 고객이 다시 찾는 속눈썹 10년차 숍

이와 같이 챗GPT가 만들어준 제목을 그대로 쓰기보다는 적절히 수정하여 사용해야 합니다.

챗GPT에게 소식지 피드백 받기

챗GPT를 효과적으로 활용하기 위해서는 소식지를 사전에 작성하고 그에 대한 피드백을 받는 과정이 중요합니다. 인공지능에게 직접 소식지를 작성하도록 요청할 수도 있지만, 이 방법은 추천하지 않습니다. 왜냐하면 챗GPT에게 질문하여 생성된 내용은 여러분의 개인적인 창의성을 반영하지 못하기 때문입니다. 인공지능에 의존하기보다는 자신의 창의적인 생각과 결합시킬 수 있어야 합니다. 사전에 작성된 휴대폰 업종 소식지를 아래와 같이 질문하여 피드백을 받아보겠습니다.

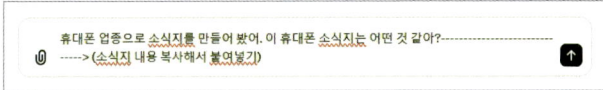

▲ 소식지 관련 질문

질문에 대해 챗GPT는 전체적인 평과 함께 개선해야 할 부분을 정리해줍니다.

> 이 소식지는 명확하게 저렴한 가격과 좋은 서비스를 강조하고 있지만, 몇 가지 개선점을 통해 더 효과적으로 만들 수 있습니다.
>
> **개선점**
> 1. **감정적 연결과 공감**: 고객이 느낄 수 있는 감정적인 연결을 더 강화하면 좋습니다. "비싸게 구매한 분들을 많이 만나서 안타까울 따름입니다."라는 부분을 좀 더 공감할 수 있는 표현으로 다듬으면 좋겠습니다.
> 2. **구체적인 혜택 강조**: 이벤트 혜택과 사은품에 대해 구체적으로 설명하면 독자의 관심을 더 끌 수 있습니다.
> 3. **명확한 행동 촉구**: 고객이 어떤 행동을 취해야 하는지 명확하게 안내하면 좋습니다.
> 4. **신뢰성 강화**: 매장의 신뢰성과 고객 후기 등을 추가하여 신뢰를 높일 수 있습니다.

▲ 질문에 대한 챗GPT 답변

먼저 피드백 받은 부분을 전체적으로 천천히 살펴봅니다. 전반적인 평은 가격과 좋은 서비스를 강조한다는 점이며 개선할 네 가지 사항을 알려줍니다. 한 가지씩 부족한 부분을 살펴보며 보완합니다.

첫 번째, 감정적 연결과 공감이 부족한 점은 앞서 배웠던 챗GPT로 고객의 고민을 찾는 부분을 활용하여 공감의 표현을 만듦으로써 해결합니다. 두 번째, 혜택에 대한 부분을 강조하기 위해 "다양한 사은품을 제공해 드립니다."와 같은 모호한 말보다는 "당근 단골 맺고 이용하시는 분들께 고속 충전기를 선물로 드립니다."처럼 구체적인 내용을 명시해야 합니다. 세 번째, 명확한 행동 촉구의 경우 "언제든 편하게 문의 주시기 바랍니다."보다는 "휴대폰 저렴하게 판매하는 곳을 찾으시는 분들이라면, 당근 쿠폰 발급받으시고 ○○휴대폰에 채팅으로 편하게 문의 후 방문 주시기 바랍니다."와 같이 확실하게 어떠한 행동을 취해야 하는지 안내해야 합니다. 네 번째, 매장의 신뢰를 보여주기 위해 기존에 이용한 고객들의 후기를 활용해서 소식지에 넣습니다.

ChatGPT

이 새로운 휴대폰 소식지 카피는 효과적인 여러 요소를 잘 활용하고 있습니다. 특히 주목할 만한 몇 가지 강점을 지적할 수 있습니다:

1. **고객의 공감을 불러일으키는 서두**: 고객이 휴대폰 구매 시 종종 겪는 불안과 후회의 감정을 짚어내며, 독자의 공감을 즉시 이끌어냅니다. 이는 독자가 글의 내용에 더 깊이 몰입하게 만듭니다.

2. **▮▮▮의 독특한 가치 제안**: 가장 저렴한 가격과 친절하며 신속한 서비스를 제공한다는 점을 명확히 강조하여, ▮▮▮이 제공하는 독특한 가치를 전달합니다. 이는 경쟁 매장과의 차별화 요소로 작용합니다.

3. **고객 후기 및 반복 이용 강조**: "세 번, 네 번 많게는 10년째 같은 매장을 찾는 분이 있는 건 다 이유가 있습니다"라는 문구를 통해, 고객의 재방문과 긍정적인 후기를 강조함으로써 사회적 증거를 제공합니다. 이는 신뢰성을 높이는 데 도움이 됩니다.

4. **박리다매 전략과 고객 만족의 중요성**: 저렴한 가격뿐만 아니라 고객 서비스에 대한 중요성을 강조하여, ▮▮▮이 고객 만족을 최우선으로 여긴다는 점을 분명히 합니다.

5. **프로모션 안내와 혜택 강조**: 고속 충전기와 케이스 증정 이벤트를 포함하여 구체적인 혜택을 제공함으로써, 방문을 유도하고 구매 결정에 긍정적인 영향을 줄 수 있는 동기를 제공합니다.

6. **호소력 있는 결론과 행동 촉구**: "▮▮▮▮▮서는 언제든 편안하게 채팅 또는 전화로 문의 후 방문 주시기 바랍니다"라는 문구를 통해, 독자가 실제로 매장을 방문하거나 연락을 취하도록 유도합니다.

전반적으로, 이 소식지는 ▮▮▮의 강점을 잘 부각시키며 고객에게 실질적인 가치와 혜택을 제공합니다. 명확한 행동 촉구와 고객의 이익을 중심으로 한 내용은 독자의 관심을 끌고, 실제 방문으로 이어질 가능성을 높입니다.

▲ 피드백 요청에 대한 챗GPT 답변

이렇듯 챗GPT가 짚어준 네 가지 개선점을 하나씩 수정합니다. 개선점을 모두 보완했다면 소식지에 올리기 전 한 번 더 피드백 요청을 합니다.

당근 타기팅 프로세스를 잘 적용해서 소식지를 만든다면 이와 같은 좋은 피드백을 받을 수 있습니다. 챗GPT는 매우 객관적으로 피드백을 해주므로, 이를 보완하기 위해 카피를 다듬는 노력이 필요합니다. 다시 한번 강조하지만 인공지능을 활용하는 것은 좋지만, 반드시 여러분의 창의적인 아이디어가 더해져야 진정한 가치가 발휘된다는 점을 기억하기 바랍니다.

마케팅이 쉬워지는 당근 꿀팁!

챗GPT를 잘 활용하기 위한 노하우가 있을까요?

챗GPT를 잘 활용하기 위한 방법은 여러 가지가 있습니다. 먼저 명확하게 질문해야 합니다. 질문이 구체적일수록 더 정확하고 유용한 정보를 받을 수 있습니다. 예를 들어, '국내 여행지 추천해줘'보다는 '국내에서 자연 경관이 아름다운 여행지 추천해줘'라고 구체적으로 알려줘야 합니다.

또한, 한 번에 한 가지씩 질문을 하는 것이 좋습니다. 챗GPT는 이전의 대화를 기억하여 맥락에 맞춰 답변합니다. 그러므로 한 번에 너무 많은 질문을 하기보다는 이전에 했던 대화 내용을 토대로 한 가지씩 추가로 질문을 이어나가는 것이 좋습니다. 그러면 질문의 흐름에 따라 보다 정확한 답변을 제공받을 수 있습니다. 간혹 마음에 들지 않는 답변을 받은 경우라면 챗GPT에게 피드백을 해줄 수 있습니다. 답변에서 어떤 점이 만족스럽지 않은지 이야기하면 인공지능이 이를 반영하여 더 나은 답변을 제공하고자 합니다.

EPILOGUE

현대의 마케팅에서 가장 중요한 것

고객의 감정을 건드려야 합니다

영업을 하고 장사를 하는 사람이라면 무엇보다 사람의 마음을 움직이는 것이 가장 어려운 일임을 잘 알 것입니다. 서비스를 이용해보라고 열심히 설명해도 고객의 선택을 받지 못하는 경우는 허다합니다. 어찌 보면 영업이 어렵다는 말은 공들인 노력이 무의미하게 끝나버리기 때문이 아닐까 싶습니다.

하지만 여기서 한 가지 놓치고 있는 것이 있습니다. 바로 우리는 고객의 마음을 움직이기 위해서가 아니라 설명을 통해 정보만 전달하려 노력했다는 점입니다. 거창한 말과 방대한 정보만으로는 그들의 마음을 움직일 수 없습니다. 마음을 움직이는 힘은 바로 감정에 있습니다. 감정을 건드려야 비로소 마음이 움직입니다.

필자가 고등학생 때 용돈을 벌기 위해 처음으로 시작한 일이 '방문 판매'였습니다. 거리를 돌아다니고 상가에 들어가서 양말과 칫솔을 팔았습니다. 아르바이트를 구하기 어려워서 시작한 방문 판매였지만 파는 일이 그리 어렵지만은 않았습니다. 양말 네 켤레 만 원, 칫솔 다섯 개 만 원이라는 비싼 금액인데도 구매하는 사람이 꽤 많았습니다.

당시에는 필자의 판매 실력이 좋아서 많이 판 것이라고 생각했지만, 시간이 지나고 보니 원인은 다른 곳에 있었습니다. 상품의 퀄리티가 좋아서 그런 것도, 필자의 입담이 뛰어나서 그런 것도 아니었습니다. 어린 학생이 당차게 물건을 가지고 들어와서 자신있게 떠들어대는 모습에 고객들의 감정이 반응한 것입니다. 그들이 말도 안 되는 금액의 상품을 흔쾌히 구매한 것은 어린 친구의 당돌함과 당당함에 마음이 움직였기 때문입니다.

요즘과 같은 시대에는 서비스의 퀄리티가 좋아야 하는 것은 당연해서, 단순히 좋은 퀄리티만으로는 고객의 마음을 움직이지 못합니다. 노출된 광고를 확인하다 보면 퀄리티가 낮은 제품을 만들고도 상상 이상의 수익을 올리는 업체를 흔치 않게 찾아볼 수 있습니다. 그들은 좋은 상품이 아님에도 고객의 심리를 관통한 마케팅을 통해 많은 매출을 올립니다. 안타까운 점은 질 낮은 상품임에도 수많은 매출을 거두어들이는 가게가 있는 반면, 서비스가 너무나도 좋은데 고객들에게 잘 알리지 못해 장사를 접는 곳도 많다는 것입니다. 상품이 뛰어나지만 무엇을 어떻게 해야 할지 몰라서 제대로 된 홍보를 이어나가지 못합니다.

EPILOGUE

이제는 더 이상 설명만으로는 고객의 선택을 받을 수 없습니다. 감정에 호소하고 마음을 움직일 수 있어야 합니다. '어떻게 고객에게 많이 판매할 수 있을까?'를 생각하기 이전에 '어떻게 고객들이 우리 상품의 높은 가치를 느끼도록 만들 수 있을까?'로 질문을 바꾸어야 합니다. 차별화된 서비스가 있어도 제대로 표현하지 않으면 알 수 없습니다. 지금까지 배운 모객 원리를 적용하여 여러분의 진정성을 쉽게 알 수 있도록 만들어야 합니다.

진정성을 보여주어야 합니다

JTBC 〈싱어게인〉이라는 예능 프로그램이 있습니다. 〈싱어게인〉은 무명 가수에게 다시 무대에 설 기회를 주는 프로그램으로, 2023년 11월 9일 한 무명의 가수가 15년 만에 무대에 섰습니다. 심사위원부터 시청자까지 그를 알아보는 사람은 없었습니다. 그의 떠는 몸짓을 보며 심사위원들은 걱정을 했지만, 그가 한 소절을 부르는 순간 모두가 깜짝 놀랐습니다. 그가 부른 노래를 모르는 사람은 단 한 명도 없었던 것입니다. 많은 사람들에게 힘을 줬던 그 노래는 애니메이션 주제곡인 〈질풍가도〉로 희망을 잃어가는 사람들에게 용기를 주는 가사가 담긴 곡입니다. 아무도 그를 알아보지는 못했지만 그의 노래는 전국민이 알 정도로 유명한 곡이었습니다. 방송이 나가고 유튜브에 영상이 업로드된 후 단 10일 만에 조회수가 700만 회가 넘을 정도로 팬들의 응원과 찬사가 이어졌습니다.

"압도적인 조회수가 그동안 얼마나 많은 청춘들에게 그대의 목소리가 힘을 줬는지 증명합니다."
"하루 만에 조회수 200만이 넘었다는 게 이 노래가 우리에게 얼마나 큰 의미였는지 보여주는 거 같다."

노래의 주인공인 유정석 씨는 그날의 무대로 15년 만에 자신의 이름을 알렸습니다. 이제는 모두가 그를 알아보고 그의 노래에 받은 용기에 보답하고자 합니다.

이처럼 음악 하나에 받은 위로에도 보답하려는 것이 사람의 마음입니다. 여러분의 서비스에도 진정성을 담는다면 고객은 반드시 그에 보답할 것입니다. 그러나 보답을 받는 시기가 언제가 될지는 아무도 모르며, 어쩌면 오랜 세월이 걸릴 수 있습니다. 그러니 지금부터 알리기 시작해야 합니다. 남 몰래 노력하기보다는 모두가 알아볼 수 있도록 진정성을 보여주어야 합니다. 여러분의 고객이 오랜 고민 끝에 결정을 내리는 것이 아니라 아주 쉽게 선택할 수 있도록 고객들의 '마음을 움직이는' 마케팅을 실현해가기를 응원하겠습니다.

– 2024년 7월
곽지운

찾아보기

ㄱ

가구/가전	030
가입자	019
가짜 뉴스	062
간편 모드	169
갑의 유형	058
개업	018
거래	019
검색 광고	030, 036, 110
게시글	021
경쟁 업체	059
경쟁력	022, 064
고가	033
고민	091
공지사항	070
과대 포장	048
과장 광고	048
광고 노출	168
광고 상세 일정	131
광고 심사 기준	117
광고 예산	115
광고 전화	047
광고 집행 비용	042
광고 효과	040
광고계정	083
광고그룹	172
광고글	021
광고비	39, 125
구글	182
궁금증	051, 161
기간	090

ㄴ

나의 당근	024
내 근처	031
네모 상자	147
네이버	025
네일	030
노출	160
노하우	056
농수산물	024

ㄷ

다이어트 숍	027
단골	022, 054
단골 관리	079
단골 맺기	096

단골 유저	023	매너온도	019
단골 전용 쿠폰	096	매력	162
단골 쿠폰	095	매출 감소	018
단골 혜택	080	모객	027
당근 타기팅 프로세스	158	모객 원리	041, 043
당근비즈니스	018	모바일 앱	019
더보기	077	몰입도	145
동네	019	무료체험	180
동네 인증	020	문의	021
동종업체	031	물가	018
두 줄 띄어쓰기	146		

ㄹ

랜딩페이지	038		
렌탈숍	024		
리뷰	055		

ㅁ

마케팅	018		
마케팅 초보	027		
만족도	054		
맛집	031		

ㅂ

방문	054
블로그	022
비즈프로필	021, 068
비즈프로필 관리	024
비즈프로필 사진	081
비즈프로필 세팅	073

ㅅ

사업자등록번호	086
사진	027, 076, 133

찾아보기

사진 모아보기	093	신뢰	019, 164
사진+글 혼합	093	신청서	021
상세페이지	027		
상품	033		
서비스	033, 070	○	
설문지	182	안마의자	024
섬네일	051, 138	업종	075
성별	025	업체 정보	080
세금계산서	085	연령	025, 029
소개글	070	영화관	091
소식	069, 071	예산	029
소식지	022, 087	오픈 이벤트	036, 071
소재	172	온라인	024
속눈썹	030	욕구	166
손실	090	용달/수리	030
쇼핑 부문	019	용어	025
수량	090	운영자 관리	079
수요	034	웹사이트 방문 유도 광고	037
스토리	063	유동인구	018
스프레드 시트	190	유저	020
승인 거절	116, 119	유튜브	025, 051
승인 거절 사유	117	을의 유형	058
식당	091	이벤트	088
신규 회원	060	이비온	063